KB133959

글로벌 마케터가 알려주는

최신 마케팅 트렌드

최신 마케팅 트렌드

글로벌 마케터가 알려주는

동아엠앤비

지금 마케팅에서 중요한 것은 '미래에 대한 약속을 지키는 것' 입니다.

마케터를 둘러싼 환경은 격변하고 있습니다.
마케팅에서 최우선 사항이었던 소비자의 니즈를 파악하기 어려워졌으며, 반대로 소비자들은 SNS를 통해 기업의 동향을 지켜볼 수 있게 되었습니다.

한편, 심각해지고 있는 환경 문제와 커뮤니티에 대한 관심도 증가하고 있습니다.
이처럼 복잡하고 어려운 시대에 마케팅은 어떤 역할을 할 수 있을 것입니까? 그리고 무엇을 해야만 합니까?

이 책에서는 전 세계의 기업과 브랜드의 사례를 통해서 해답을 찾을 것입니다.
전 세계 마케터들의 활동을 통해서 마케팅의 '새로운 가능성'과 '재미'를 발견해 보고자 합니다.

마케터는 기피하는 직업인가?

현대 사회에서 '좋은 회사'나 '좋은 브랜드'란 무엇인가를 정의하기란 대단히 어렵습니다. 또한 '좋은 마케터'를 정의하는 것 역시 대단히 어렵습니다.

물론 기업이 매출을 올리고, 지속적으로 이익을 창출하는 것은 '좋은 일'일 것입니다. 그러나 그 기업이 가지고 있는 사회적인 영향력이나 환경에 미치는 영향력 등 본질적인 '이익'이란 무엇인지에 생각이 미치는 순간, 대단히 어렵게 느껴집니다.

일찍이 물건이 부족했던 시대에는 모두가 다소 무리하게 노동을 하더라도 세상에 물자를 보급할 수 있다면 좋은 일이라는 사회적인 합의가 있었습니다. 그 시대에는 노동을 하는 보람을 느낄 수 있었을 것입니다.

매스미디어 광고 역시 나름대로 훌륭한 것으로 여겨졌으며, 일본에서는 '창조적인 문화'로 존경받기까지 했습니다. 물건을 효율적으로 만들어 지속해서 매출과 이익을 달성하고, '물질적으로 더욱 풍요로운 상태가 되는 것'이 사회에서 대단히 가치 있게, 심지어는 정의로운 일이라 칭송 받았습니다. 기업 입장에서는 '매출을 증가시키는 것'이야말로 사회에 공헌하는 일이었습니다.

그렇지만 지금은 어떤가요? 이익 창출이나 기업의 인지도를 높이기만 하면 좋은 회사라고 할 수 있습니까? 여러분의 주변에는 눈앞의 매출 때문에 번아웃 증후군에 걸린 마케터가 없습니까? 왜 10원이라도 더 많은 이익을 창출하기 위해 의미 없는 작업을 반복하고, 멘탈까지 갈려 나가야 하는 것입니까?

문화 인류학자인 데이비드 그레이버가 쓴 《불쉿 잡-왜 무의미한 일자리가 계속 유지되는가?》라는 책이 있습니다. 그레이버는 이 책에서 현대의 직업 중 많은 수가 '무의미한 것(bull shit)'이라고 역설했습니다. 강도가 센 표현이기는 하지만 많은 사람이 마음속으로 "사실 이 일은 의미가 없잖아."라고 어렴풋이 느끼고 있던 점을 그레이버가 멋지게 지적한 것입니다.

마케팅에도 무의미한 측면은 존재합니다. 실제로 이렇게 물건이 넘쳐나는 시대에 마케터라는 직업은 생산자나 의사, 간호사와 같은 필수적인 직업과 비교하면 어떻게 되든 상관없는 직업일지도 모르겠습니다.

마케팅 업계에서 난무하고 있는 버즈워드(buzzword, 업계 유행어)를 따라가다 보면, 저는 종종 대기업 간부들이 달고 있는 'SDGs(지속 가능 발전 목표) 배지'가 머리에 떠오릅니다. 여러분의 회사 상사 중에 그 배지를 달고 다니는 사람이 있습니까? 배지를 달고 다니는 직책이 높은 간부들은 과연 누구를 위해 그 배지를 달고 있는 것일까요? 만나본 적도 없는 신흥국의 청년들을 위해서라고 생각하십니까? 지속 가능성을 위해서라고 생각하십니까?

배지를 착용하고 있는 사람 중 많은 사람이 사실은 환경이나 다양성에 대해 표면상 흉내만 내는 것 같습니다. 우리는 그런 사람들을 신뢰할 수 있을까요? 물론 진지한 마음으로 SDGs 배지를 달고 다니는 사람도 있을 것입니다. 하지만 그런 경우가 아니라면 SDGs 배지는 '무의미한 것'에 해당합니다. 고위 간부들은 새로운 트렌드를 표방하는 배지가 등장한다면 잽싸게 그 배지로 교체할 것입니다. SDGs 배지 다음으로는 웰빙 추진 배지와 같은 것들이 등장하지 않겠습니까.

애초에 배지를 다는 것만 가지고 세상이 바뀌었다고 말할 수 있다고 생각하십니까? 본래 실체가 있는 표현이었음에도 왜 국내에서는 마케팅 버즈워드 같은 형태로 소비되고, 수단이 목적과 뒤바뀌는지 모르겠습니다. 그리고 유행이 지나고 나면 결국 무엇을 논하고 있었는지에 대해서는 다들 잊어버리는 것 같아 보입니다. 안타깝게도 이런 상황이 계속해서 반복되고 있습니다.

마치 차례차례 트렌드가 변화함에 따라 배지를 바꿔 다는 것처럼, 어떤 것을 실천한 것으로 보였지만 실제로는 아무런 책임도 지지 않으며 '행동하기만 한 척'을 했을 뿐입니다. 그리고 그 점을 깨닫고 나면 이미 다른 트렌드에 마음을 빼앗긴 상태입니다. '밑 빠진 독에 물 붓기'와 같은 이 느낌이 바로 번아웃 증후군, 무의미한 일의 시작인 것입니다.

그러면 마케팅 분야에서 어떻게 하면 '한 척'을 넘어서서 실체적인 가치를 창출하고, 무의미하지 않게 만들 수 있을까요? 그 점은 솔직히 대답하기 어려운 질문이기는 합니다. 하지만 그렇기 때문에 저는 이 책을 통해 함께 생각해 보고자 하는 것입니다.

개인적인 의견이지만 마케터는 솔직히 미움받는 직종에 속한다고 생각합니다. 마케터는 만족스럽게 살고 있는 사람들에게 접근해서 그 사람들이 요청하지도 않았음에도 그들의 마음을 사로잡기도 하고, 불안감을 조장하기도 하고 때로는 자존심을 산산조각내기도 하면서 물건을 팔아치우기 때문입니다.

이미 많은 옷을 소유하고 있는 사람에게 "이 옷은 오래 가는 소재로 만들어졌기 때문에, 지금 착용하고 있으신 옷보다 더 좋습니다. 그러니 새로 구입하는 것이 어떻겠습니까?"라고 마케팅하는 모순 말입니다. 오랜만에 기분 좋게 영화를 보고 있었는데 노골적인 PPL 장면이 빈번히 등장하거나, 유익한 내용을 알려주는 듯이 접근해놓고는 결국은 보험 상품을 판매하려고 했던 것이라면 기분이 좋을 리 없겠죠.

그러나 자본주의 사회에서 살아가기 위해서는 마케팅적인 관점을 빼놓을 수 없습니다. 대단히 강경한 의견을 피력하는 사회 잡지 역시 광고를 넣어야 하고, 뒤에서는 결국 판매 부수를 신경 씁니다. 정부도 훌륭한 공약을 내세우지만, 뒤에서는 아득바득 지지율을 신경 씁니다.

과학 분야 역시 흥행을 신경 써야 하고, 예술 분야도 자산 가치를 둘러싼 게임에서 자유로울 수 없습니다. 어떤 의미에서는 모두가 비슷한 형태로 마케팅과 연계되어 있다고 할 수 있습니다. 그래서 대단히 어렵습니다.

그러면 저를 포함한 마케터들은 어떻게 하면 미움받지 않으면서 우리가 있을 곳과 보람을 찾을 수 있을까요? 물론 세계에서 각광을 받을 필요는 없지만, 마케터로서 그리고 실무자로서 손바닥만 한 정도의 자존심은 유지하고 싶습니다. 그래서 저는 세계의 우수한 마케터들은 지금 무엇을 생각하고 있는지를 확인하고 싶었습니다.

'좋다'는 평판을 듣고 있는 최고의 브랜드는 어떤 활동을 하고 있습니까? 잘나가는 브랜드는 어떤 사회적 이슈에 맞닥뜨린 상황입니까? 세계의 마케터들은 어떻게 커뮤니케이션 기술을 갈고 닦고 있습니까? 담당하고 있는 업무의 의미를 어떻게 발견하고 있습니까?

이 책에서는 전 세계의 기업과 브랜드들의 다양한 활동 사례와 다양한 환경에서 생활하고 있는 사람들의 인사이트(자신을 살펴보는 통찰력)에 관련된 고찰을 통해 '앞으로 마케팅은 무엇을 할 수 있을 것인지, 또 반드시 해야 할 일은 무엇인지'에 대해서 다각도로 검토해 보려 합니다. 그리고 '앞으로의' 마케팅에 대해서 생각하는 것은 그와 동시에 '누구를 위해서, 무엇을 위해서 마케팅하는 것인가?'에 대해 새롭게 질문하는 것이기도 합니다.

자본주의 사회에서 회사는 기본적으로 주주의 것입니다. 그러므로 주주의 시점에서 이익을 추구하는 것이 당연합니다. 하지만 회사는 주주 이외에도 고객, 사원, 이해관계자, 지역 커뮤니티와 환경처럼 다양한 관계를 맺고 있으며, 그러한 관계성 안에서 미묘한 균형을 유지하면서 성립하는 존재이기도 합니다.

1970년대에 경제학자인 밀튼 프리드먼은 기업은 경제적 책임 이외의 것들은 고려할 필요가 없으며 오직 주주의 이익을 위해서만 행동해야 하고, 그렇게 할 때 결과적으로 사회의 풍요로움을 실현할 수 있다고 주장했습니다. 이러한 생각은 그 당시에는 일리가 있었을지도 모릅니다. 그러나 CSR(기업의 사회적 책임)이나 CSV(공유 가치 창출)라는 표현을 이미 알고 있는 우리의 관점에서는 조금 이상한 주장이라는 생각이 듭니다.

문제는 최근 반세기 동안 경제가 사회나 문화, 정치, 환경을 위협할 만큼 커다란 존재로 팽창해버린 것에 있습니다. 경제학자 밀튼도 그 당시에는 경제가 이렇게나 지구 환경과 로컬 커뮤니티를 파괴할 것이라고 예상조차 하지 못했을 것입니다. 슬프게도 현대 사회는 무엇이든 이해득실을 따져서 결정을 해버리고 맙니다.

그렇지만 애초에 '경제'가 성립하기 위해서는 자연 자원이 반드시 있어야 하며, 정치나 사회가 모두 안정되어 있어야 합니다. 그런데 경제만 이렇게 거대해져도 되는 것일까요. 그 한계점이 지금 보이기 시작한 것이라 생각합니다. 밀튼에게는 미안한 말이지만 현대 마케팅의 의의는 경제만 떼어내서 논할 수 없으며, 마케팅은 사회와 문화, 환경과 분리할 수 없는 '복잡한 관계'에 속해 있습니다.

제가 서두에서 언급한 '본질적인 이익은 무엇을 의미하는가?'라는 질문에 대한 답을 찾기 위해서는 바로 이 '복잡한 관계'에 대해 생각해 보아야 합니다. 이 질문은 정말 대답하기가 쉽지 않습니다. 이 복잡한 시대에서 마케팅의 의의를 간단하게 도출해낸다는 것은 불가능에 가까울 것입니다.

우리가 할 수 있는 것은 시야를 전 세계로 넓혀서 마케팅을 둘러싼 환경이 어떻게 변화했는지, 다시 말해 마케팅의 '외부'인 사회나 정치, 문화 사이에 어떤 관계가 성립하고 있는지를 철저히 조사한 다음, 각 분야에서의 실천과 의의 및 임팩트를 구체적으로 파악하는 것입니다. 또한, 그 점을 조사한 다음에 '어떤 미래가 도래하면 마케팅이 사람들에게 희망을 줄 수 있을 것인가'에 대해 많은 사람과 진지하게 논의해야 합니다.

마케팅이 사회나 환경, 차세대를 짊어질 사람들에게 무엇을 할 수 있는지 진지하게 모색해 보고자 합니다. 여러분과 함께 '어떻게든 승리하는 마케팅'이 아니라, '가치를 남기는 마케팅'에 대해 생각해 보고 싶습니다. 그것이 바로 매일 마케팅 현장에서 일하고 있는 제가 나름대로 제기한 문제입니다.

지금 전 세계 소비자 중에서 약 40퍼센트를 Z세대가 차지하고 있다고 합니다. Z세대란 일반적으로 1990~2000년대 종반까지 태어난 세대를 가리킵니다. Z세대에 속한 사람들이 분명히 앞으로의 '사회'와 '브랜드'를 좌우하는 시대가 올 것입니다. 미래에 대한 희망을 찾고 싶다면, 마케터가 '다음 세대'에게 무엇을 할 수 있는지에 대해서 진지하게 생각해 보아야 합니다. 실제로 많은 기업이 Z세대를 앞으로 도래할 '시장'이라고 간주하고 있으며, 다양한 마케팅을 시도하고 있습니다. 그러나 실제로는 무엇을 시도하고 있는 것일까요. 당연히 단순하게 '물건이 계속 팔려서 기쁘다'고 생각하지는 않을 것입니다.

'소비 액티비즘'이라는 표현이 있는데, Z세대는 오히려 '쇼핑하는 것은 투표'라고 여기고 있으며, 소비력을 사용해서 나쁜 기업들을 도태시키려고 합니다. 다시 말해 '우리 미래는 우리 힘으로 바꿀 수 있다'고 생각하는 것입니다. 마케팅은 차세대 사람들에게 무엇을 할 수 있을까요? 그리고 '미래 사회'에 대해서는 무엇을 할 수 있을까요?라는 질문에 대해서 생각해 보겠습니다.

이 책의 내용은 출구가 전혀 보이지 않는 코로나 상황 중에 기록되었습니다. 심심풀이에 지나지 않는 시시한 애플리케이션을 만들고 있는 스타트업의 자금 조달이 뉴스에 오르는 한편, 파산 신고를 한 사람이나 자살한 사람의 수가 증가하고 있다는 보도도 이어지고 있습니다.

세계 최고의 경영자라는 위치는 수많은 노동자의 '희생' 위에 얻을 수 있는 자리인 만큼, 솔직한 마음으로는 냉소적인 생각도 듭니다. 그렇지만 '미래는 우리가 만들어 나가는 것'이라고 우리 스스로가 믿고 있다면 이 책을 통해 마케팅이 무엇을 할 수 있는지 여러분과 이야기를 나눌 수 있는 계기가 되었으면 합니다.

히로타 슈사쿠

제3장 커뮤니케이션과 고객 인게이지먼트

제4장 앞으로 마케터는 무엇을 해야 하는가?

지금까지 뷰티 업계는 유명 인사나 대형 미디어와 같은 '기성 조직'이 트렌드를 결정하고, 대중적인 이미지를 통해 사람들의 욕망을 조종하여 '수요'를 창출해 왔습니다. 그러나 그러한 흐름은 바뀌려 하고 있습니다. '트렌드의 정답'을 업계 측이 소비자에게 일방적으로 밀어붙이는 것이 아니라 '여러분 자신에게 내재되어 있는 장점을 이끌어내기 위해 어떻게 하면 좋을 것인가'라는 시각이 뷰티 업계 내부에서부터 발생하기 시작했습니다. 그중에서 가장 상징적인 사례로 펜티(Fenty)를 들 수 있습니다.

제 1 장

마케팅이란 미래에 대한 약속을 지키는 것

펜티의 충격, 'Beauty for All'

펜티라는 브랜드를 알고 계십니까? 펜티는 현재 미국에서 활약하고 있는 바베이도스 출신 아티스트 리한나 펜티(Rihanna Fenty)가 설립한 브랜드입니다. 리한나는 음악 업계에서 수많은 히트곡을 냈기 때문에 아티스트로만 알고 계시는 분도 많겠지만, 사실 의류 업계와 뷰티 업계에서 사업가로 대성공을 거두었습니다.

현재 의류 분야는 사업을 중단했지만(※1) 뷰티 사업은 계속 이어가고 있으며, 리한나의 음악을 사랑하는 팬들뿐만 아니라 다양한 계층에게 폭넓은 지지를 받고 있습니다. 어떻게 그렇게 많은 지지를 받을 수 있었을까요? 흑인 여성인 리한나가 '왜 자신의 피부색에 맞는 파운데이션은 판매되지 않는 것일까?'라는 관점에서 다양한 피부색을 가진 사람들이 사용할 수 있는 화장품을 개발하려고 기획한 것이 그 이유라고 할 수 있습니다.

'왜 뷰티 업계에서는 백인 모델만 기용하는 것일까?', '어째서 내 피부색에 맞는 화장품은 판매되고 있지 않을까?'라는 의문을 가졌던 소비자들이 리한나가 '느낀 점'에 대해 공감과 뜨거운 지지를 보낸 것입니다.

펜티에서 강조하는 'Beauty for All'은 다시 말해 '모두를 위한 아름다움'이라는 의미입니다. 기존의 미용 업계는 셀러브리티(유명인)나 대형 미디어와 같은 기성 조직이 중심이 되어 뷰티 트렌드를 결정해 왔습니다. 뷰티 브랜드는 광고를 통해 '지금 유행하는 스타일은 이렇습니다. 모두 이런 스타일을 멋지다고 느껴야 합니다'라는 메시지를 계속해서 보내고 선동해 온 것입니다. 뷰티 업계는 광고업계를 통해 트렌드를 만들고 팔로워들에게 그것을 추종하게 만드는 '동경의 연쇄'를 교묘하게 구조화했다고 할 수 있습니다.

하지만 최근에는 '메이크업이란 누군가가 강요하는 것이 아니라, 사용자가 자신을 표현하는 도구이다'라는 생각이 등장하기 시작했습니다. '메이크업은 자기 긍정감을 향상시키는 것', 또는 '자신을 표현하는 것', '아이덴티티를 지키기 위한 도구'와 같이 아름다움의 소재를 '미디어와 유명인'에게 두는 것이 아니라 '개개인의 내부에 본래 존재하는 것'에 둔다는 사고방식입니다. 지금 각광받고 있는 뷰티 브랜드들은 업계와 고객과의 기존의 관계를 뒤집어 '메이크업은 사용자에게 내재되어 있는 매력을 끌어내고, 긍정하는 도구다'라고 재정의하기 시작했습니다.

2021년 바이든 대통령 취임식에 참가한 미셸 오바마가 지니고 있던 아이라이너가 바로 펜티의 제품이었다는 사실이 화제가 되었습니다. 저는 이것이 대단히 상징적인 장면이었다고 생각합니다. 물론 당시 펜티의 입장에서는 프로모션적인 측면도 있었을 것입니다. 그러나 그 이상으로 '미셸 오바마가 펜티를 사용했다'는 사실 자체가 많은 사람을 격려하는 큰 힘을 가지고 있었다고 생각합니다.(※2)

대기업이 흉내 낼 수 없었던 것

이 이야기를 듣고 '고작 아이라이너나 파운데이션에 색상을 몇 개 추가한 것뿐이지 않느냐'고 생각한다면 본질을 파악하지 못한 것입니다. 자본력이 있는 대기업 화장품 제조사의 경우라면 표면적으로 흉내 내는 것은 간단합니다. 실제로 모 기업이 펜티보다 더 많은 색상으로 컬러 차트를 만든 파운데이션을 발매했습니다. 그러나 결과적으로 조용히 잊히고 말았습니다. 판매 방식만 흉내 내서 파운데이션을 몇 색상 더 출시한다 하더라도, 리한나의 깨달음과 용기 그리고 행동력이 빠져 있다면 지지를 받을 수 없는 것입니다. 브랜드의 입장에서 중요한 것은 리한나처럼 '진정으로 미래에 대한 약속을 할 수 있는가'하는 점입니다.

다시 말해 현대의 브랜드에게는 기술력이나 상품 라인업뿐만 아니라 고객과 마주하는 자세나 태도 그리고 세계를 진정으로 바꾸려는 용기가 요구됩니다. 형태만 흉내 내서는 의미가 없는 것입니다. '다양성이 유행하고 있으니까 브랜드의 앰배서더에게 무지개 색상 드레스를 입고 등장해 달라고 해야겠다'는 표면적인 기획만으로는 실패할 수밖에 없는 것입니다. 그렇게 '깨어 있는 척하면서 자기 잇속만 차리려는 행동'은 금세 들통나 버리고 맙니다.

물론 리한나가 말뿐만 아니라 그것을 실제로 구현한 제품의 퀄리티가 좋았다는 점 역시 중요한 사항입니다. 사상적인 약속을 한다면 당연히 품질도 좋아야만 합니다. 제품도, 제조 프로세스도, 신념도, 판매 방식도, 브랜드 활동과 브랜드의 접점까지, 이 모든 것에 일관성이 요구되는 시대가 되었습니다.

지금은 미래에 대한 약속이 요구되고 있다

마케팅 교과서에서는 시장의 니즈는 어디에 있고, 타깃은 어디에 있으며, 마케터가 해야 할 과제는 무엇인지를 상세히 특정한 다음 그것을 해결해 나가야 한다고 가르칩니다. 이것이 흔히 말하는 코틀러의 STP(세분화, 선정, 포지셔닝) 전략입니다. 요지는 소비자의 니즈를 파악하고, 그 니즈를 만족시켜야 제품을 판매할 수 있다는 점입니다.

그러나 현대 사회는 SNS와 같은 매체들을 통해서 기업의 활동이 대중에게 쉽게 드러나게 되었습니다. 그렇기 때문에 단순히 소비자의 니즈를 충족시키기만 하면 팔리는 것이 아니게 되었습니다.

지금까지 소비자들은 기껏해야 광고나 제품 정도만 볼 수 있었고, 기업 내에서의 활동은 '밀실'에 감추어져 있어서 문제 삼을 일이 없었습니다. 하지만 정보 공개와 투명성이 요구되면서 기업 경영자의 사상과 발언, 제조 프로세스, 사원들의 행동 자체가 중요해졌습니다. 스캔들이 발생하는 경우, 쉬쉬하며 덮을 수 없게 된 것입니다. 그렇기 때문에 '기업이 소비자에게 미래에 대해 얼마만큼 안심하도록 약속할 수 있는가'라는 점이 니즈를 충족하는 것 이상으로 중요해졌습니다. 브랜드의 스토리와 사상은 물론이고 어떤 과정을 통해 그 형태를 갖게 되었는지, 어떻게 판매하려고 하는지에 대한 구체적인 행동도 요구되는 것입니다.

그다지 좋지 않은 사례로 빅토리아 시크릿을 소개하려 합니다. 이 회사는 고급 여성 속옷을 만드는 곳으로, 매년 화려한 쇼를 개최해 텔레비전으로 중계해서 화제를 모으고 있는 회사입니다. 그런데 2018년에 이 회사의 임원 중 한 명이 빅토리아 시크릿 쇼에서는 LGBTQ(레즈비언, 게이, 양성애자, 트랜스젠더, 성 정체성 갈등자) 탤런트와 모델을 고용하지 않을 것이라는 발언을 해서 물의를 일으켰습니다.(※3) 심각한 사건으로 뉴스에 보도되기도 했기 때문에, 독자 여러분 중에서도 기억하는 분이 계실 것입니다.

이 회사의 속옷이 얼마나 고급이고 멋진 디자인인지의 여부와 관계없이, 임원의 사상과 행동에서 차별적인 시선이 드러났기 때문에 불매 운동으로까지 이어졌습니다. 그리고 이 사건 직후 빅토리아 시크릿의 주가는 반토막이 나기까지 했습니다.(※4) 게다가 우연히 본 넷플릭스 다큐멘터리에서 아동 매춘으로 유죄 판결을 받은 제프리 앱스타인이 한때 빅토리아 시크릿의 임원이었다는 이야기를 접한 저는 더욱 경악했습니다.(※5)

그와는 대조적으로 앞서 언급한 리한나는 빅토리아 시크릿 사태를 의식하고, 그녀답게 모두를 아우르는 관점을 중요시한 속옷 브랜드 '새비지 X 펜티'를 설립한다고 선언해 큰 공감을 얻었습니다. 재미있게도 새 브랜드 새비지 X 펜티의 쇼에는 지금까지 빅토리아 시크릿 쇼에

출연한 모델들이 모두 출연했습니다.(※6)

물론 속옷의 디자인 자체에 대한 선호도나 기능의 차이는 있을지도 모르지만 '일련의 사태를 보고 귀하는 어떤 브랜드를 지지하십니까'라고 질문했을 때, 리한나의 브랜드가 압도적인 지지를 받을 것이라는 점을 상상하기란 어렵지 않을 것입니다. 리한나는 다양한 체형의 사람들에게 어울리는 사이즈의 속옷을 만들어 '포섭성이 높은 브랜드'라는 이미지를 통해 대중에게 미래에 대한 약속을 할 수 있었습니다. 브랜드의 사고방식, 행동, 제품 모두에 일관성이 있어야 한다는 사실이 대단히 중요한 것입니다.

가치관의 다극화 그리고 공감의 중요성

최근 들어서 '물건이 예전만큼 팔리지 않는다'는 말을 흔히 들을 수 있습니다. 그도 그러할 것이 시장이 성숙해졌고 물류와 서비스가 넘쳐나는 상황이기 때문에 '아직 만들어내지는 못했지만 모두가 바라는 무언가가 있을 것이다'라는 생각 자체가 환상이나 다름없습니다.

한편 국소적으로는 꾸준히 물건이 팔리는 시장도 있습니다. 앞서 소개한 리한나의 브랜드는 물론이고 심혈을 기울여 만든 하이브랜드 제품들은 구매하기가 쉽지 않을뿐더러, 유럽에서 유행하는 경기용 E-바이크와 같은 상품들은 인기가 엄청나서 구입하려면 1년 이상이 걸린다고 합니다(2021년 10월 기준). 저는 개인적으로 교토에 있는 산가 인센스라고 하는 인센스 스틱을 판매하는 D2C 브랜드에서 라벤더 향의 선향을 구입하려고 했습니다. 그런데 확인할 때 품절이어서 한때는 구매하기가 너무 힘들었던 적도 있습니다.

글로벌 마케팅 세계에서는 이처럼 국소적으로 물건이 팔리는 현상을 흔히 '매스니치(Mass Niche)'라는 단어로 표현합니다.(※7) 이것은 얼핏 봤을 때는 극소수를 위한 프리미엄처럼 느껴지지만, 잘 살펴보면 의외로 많은 사람이 '사실 나도 관심이 있었어'라며 공감을 얻을 수 있는 것을 의미하는 마케팅 용어입니다.

예를 들어 미국에는 중장년층을 위한 모던 엘더 아카데미(Modern Elder Academy)라고 하는 곳이 있습니다. 여기에서는 이혼이나 실직 같은 인생의 어려움을 겪으며 '중년의 위기'로 힘들어하는 성인들을 대상으로 하는 연수 서비스를 제공합니다.(※8) 괴로운 일을 겪고 있는 사람들끼리 모여 서로의 고민을 나누면서 함께 힘듦을 극복해나가려고 하는 것입니다.

처음에는 그저 틈새시장을 노리고 시작했던 모양이지만 막상 뚜껑을 열어보니 많은 사람이 '이런 장소를 정말 바라고 있었다'라는 반응을 보였기에 예상치 못한 반향을 불러일으켰습니다. 이것이 바로 매스니치의 사례라고 할 수 있습니다.

'모두가 따라 하는 트렌드'란 이제 존재하지 않는다

물건이 많지 않았던 시대에는 '평균적인 필요'를 고려하면 물건을 팔 수 있었습니다. 일반적인 직장인이라면 당연히 이러한 양복을 입어야 한다, 이런 종류의 건강 음료를 마실 것이다, 이런 차를 타고 싶어할 것이다, 전형적인 주부라면 반드시 이런 드라마를 볼 것이다, 이런 옷을 입고 싶어 할 것이다, 이런 식으로 평균적인 필요를 고려하는 것 말입니다. 그러나 이러한 '평균적인 사람'들은 과연 지금도 존재합니까? 잠시 멈추어 생각해 보면 모든 면에서 평균적인 사람은 어디에도 존재하지 않음을 알 수 있습니다.

지금 현실을 살아가고 있는 사람들은 연 수입도, 취미도, 생활 방식도, 업무 내용도 각기 다릅니다. 빈부 격차는 심해져서 양극화되어 가고 있다고 합니다. 그러나 가치관이라는 측면으로만 생각해 보면 양극화가 아니라 다극화되어 가고 있습니다. 예를 들어 옛날에 많이 팔렸던 '종합 라이프스타일 계열 패션 잡지'의 판매 부수는 최근 10년 동안 급격하게 줄어들고 있습니다.

출판사에서는 출판 부수가 급격하게 줄어드는 이유를 '디지털화'에 대응하기 두려워했기 때문이라고 생각할지도 모르겠습니다. 하지만 저는 평균, 다시 말해 매스(대량)를 위한 '라이프스타일'이 더는 존재하지 않게 되었다는 것이 더 큰 원인이라고 생각합니다. 잡지로 정리된 것을 보는 것보다 개개인의 인스타그램에서 선호하는 인플루언서의 게시물을 살펴보는 것이 더 참고가 되기 때문입니다. '평균적인 트렌드'의 수요가 더는 없을지도 모릅니다.

의류 업계 역시 빅사이즈나 스몰사이즈를 취급하게 되었습니다. 3D 프린터와 같은 기술을 사용해 그 사람의 체형에 최적화된 옷을 만드는 의류 브랜드도 증가하고 있습니다.

예를 들어, 스타트업 기업인 언스펌(unspum)은 3D 프린터를 사용해서 모든 사람에게 잘 맞는 청바지를 만든다는 것을 세일즈 포인트로 내세우고 있습니다.(※9)

한 명의 생각을 꿰뚫어 보았을 때 공감이 형성된다

흔히 "앞으로의 시대는 물건이 아니라 가치를 판매하게 될 거야." 라든지 "역시 경험이 중요해." 같은 알쏭달쏭한 말을 하는 마케터들이 있습니다. 하지만 저는 '물건이냐 가치냐'를 논의하는 데에 큰 의미가 없다고 생각합니다.

니치 중에서 생각이 뚜렷한 물건이나 가치가 잘 팔리는 경우가 있기는 하지만, '모든 사람이 구매한다'는 현상이 사라진 것뿐이지 않겠습니까. 저는 앞으로 매스적인 발상으로 만들어진 브랜드 제품 중에서는 히트하는 사례가 나오지 않을 것이라 생각합니다.

매스니치처럼 특정 소수의 인사이트를 깊이 파고들다 보니 의외로 많은 사람에게 공감을 얻을 수 있는 히트 상품을 발견할 수도 있겠지만, 처음부터 '평균적인 모든 사람'을 염두에 두고 매스 마케팅을 하려는 발상이라면 깊이 공감받는 가치를 도출하기 어렵기 때문입니다.

앞서 언급한 펜티야말로 바로 '평균'이 아니라 '나 또는 우리'에게서 발상이 시작된 브랜드였습니다. 평균적인 소비자상을 떠올리거나, 최대 공약수 같은 가치관을 계속해서 고집한다면 결국 히트작을 만들어낼 수 없게 된다는 것이 현실입니다.

고객 개개인이 '주인공'이 되는 시대

리파이너리(Refinery)29라는 패션과 뷰티를 테마로 한 온라인 미디어에 대해 알고 계십니까. 미국 뉴욕에서 시작해 널리 알려진 리파이너리29는 보그(Vogue)나 엘르(Elle) 같은 대형 온라인 미디어 접속자 수를 넘어설 것이라고까지 예측되는 신흥 분산형 미디어입니다. 이 미디어 역시 기존 패션이나 미용 업계의 사고방식을 완전히 뒤집어 놓으려 하고 있습니다. 저도 예전에 두 번 정도 뉴욕 사무실을 방문한 적이 있는데, 대단히 활기 넘친 미디어 회사라는 인상을 받았습니다.

해당 미디어는 자신들의 콘셉트에 대해 "우리는 여성들이 아름다움을 자기표현의 수단으로 사용할 수 있도록 도구로서의 미용 정보를 제공하며 여성들에게 힘을 북돋워 줍니다. 아름다움 본연의 모습을 재정의하는 미디어로서 우리는 기존의 습관을 바꾸는 데 도전하고 전통에 얽매이지 않는 것을 지지하며, 앞으로 뷰티 업계에서 가장 영향력 있는 '목소리'로 독자와의 대화를 이끌어 나갈 것"이라고 말했습니다.

요컨대 리파이너리29는 '트렌드를 강요'하는 것이 아니라 '대화를 나누고 가치관을 끌어내는' 접근 방식으로 성공한 미디어라고 할 수 있습니다. 기본적으로는 패션이나 미용에 관련된 기사를 많이 싣고 있지만, 정치 사회 분야나 아이덴티티에 관한 기사 역시 많은 것이 특징입니다. '여러분은 어떻게 생각하십니까?'라고 말을 거는 문체로 기사를 작성해서 활발하게 대화할 수 있도록 신경을 쓰고 있습니다.

개개인의 장점을 끌어내기 위해

'대화를 해서 이끌어내는' 방식은 기존의 매스 광고 중심 마케팅에서는 거의 찾아볼 수 없으며, 셀러브리티를 모방하거나 독자에게 트렌드를 강요하는 기존 방식과는 노선을 완전히 달리하는 것입니다.

여러분 개개인의 표현의 폭을 넓히기 위해서 어떻게 하면 좋을지,

여러분 자신의 장점을 이끌어내기 위해서 무엇을 하면 좋을지와 같은 관점을 명확하게 가지고 있어야 합니다. 브랜드(펜티)와 미디어(리파이너리29)가 그랬듯이 말입니다. 고객 스스로가 '주인공'으로 참여할 수 있는 관계성이 각광받고 있는 것입니다.

바꾸어 말하면 기업이 소비자를 틀에 끼워 맞추고, 매스미디어 광고를 일제히 쏟아내고, 동일한 제품을 잔뜩 팔아치우려고 하는 태도는 더 이상 지지 받지 못한다는 의미입니다. 어디까지나 의견을 제시하는 것은 소비자이고, 브랜드는 그 의견을 지원해야 합니다.

최근에 마케팅 전략을 세울 때 '개인 맞춤형(personalize)'이라는 표현을 자주 들을 수 있습니다. 개인 맞춤형이란 기업이 고객과 관련된 개인 데이터나 빅데이터를 사용해서 고객의 특성에 맞는 상품이나 서비스를 추천한다는 의미로 사용됩니다.

하지만 이 단어는 원래 기업이 고객 측 의견에 맞춘다는 의미로 사용되어야 하는 용어라고 생각합니다. 예를 들어 고객이 주인공인 경우, 기업 측이 어떻게 지원할 것인가 하는 관점에서 생각해 보겠습니다. 개인에 맞추어 잔뜩 판매하겠다는 전략이 아니라, 개인에 맞춘 다음 고객의 의견을 잘 듣고 반영하는 것이 중요합니다.

요즘 '보디 포지티브(있는 그대로의 내 몸을 사랑하고 건강한 삶을 살자는 운동)'라는 표현을 많이 볼 수 있는데, 이 표현 역시 같은 문맥으로 생각한다면 이해하기 쉬울 것입니다. 지금까지는 마르고 날씬한 체형의 모델들이 뷰티 스타일의 주류를 이끌었습니다. 하지만 사실 세상에는 다양한 체형과 체격을 가진 사람들이 존재합니다. 또한 사람들이 아름다움에 대해 가지고 있는 기준이 보다 다양해도 좋지 않겠습니까. 누구에게도 판단 받을 필요가 없으며, 자기 스스로 자신의 모습에 자신감을 가지면 그걸로 된 것입니다.

이것을 고객의 관점에서 생각해 본다면 미디어 매체나 브랜드들에서 마음대로 정한 '아름다움의 기준'을 강압적으로 강요할 때, 어떤 고객들은 자신이 그 기준에 전혀 맞지 않는다고 생각할 수 있습니다.

'이런 기준에 다다라야 아름다운 것이다'라고 말하는 것은, 동시에 '당신은 아름답지 않다'라는 의미를 은연중에 전달해 소외감을 느끼게 하는 경우도 있습니다. 따라서 이러한 방식이 아니라, '아름다움은 여러분 안에 내재되어 있으며, 그 아름다움을 이끌어내려면 어떻게 해야 할 것인가'라는 관점에서 생각할 필요가 있습니다.

사족이지만 공정성을 위해 덧붙이자면 리파이너리29처럼 자유로운 메시지를 내걸고 제품을 판매하는 기업들조차도 '임원진 중에서 백인 여성들의 주장만 받아들여지기 때문에 차별적이고 유해한 직장이다'라는 내부의 목소리로 인해 편집장이 교체되는 사건이 있었습니다.(※10) '완벽하게 훌륭한 기업'이라는 타이틀을 붙일 수 없기 때문에, 현대의 브랜드들을 소개하기란 쉽지 않습니다. 참 안타까운 사실입니다.

'누구나 사용하는 것'이 아니라 '내가 추천하고 싶은 것'

예전에는 '누구나 알고 있을 만큼 인지도 높은 상태'를 지향하는 것이 브랜드들의 최고의 목표였습니다. 왜냐하면 사람들이 '유명한 회사 제품이라면 안심하고 사용할 수 있다'고 생각했기 때문입니다.

그러나 지금은 앞서 언급한 것처럼 가치관이나 라이프스타일이 다양화되었습니다. 그렇기 때문에 인지도보다는 사회나 환경에 대해 어떤 활동을 하고 있는지에 대한 팩트와, 그에 기반을 둔 '브랜드 약속'이 중요합니다. 요컨대 회사의 규모보다도 제대로 된 브랜드인지 아닌지의 여부에 더욱 무게를 두게 된 것입니다. '알고 있다'와 '추천하고 싶다'는 전혀 다르기 때문입니다.

그렇다면 애초에 왜 소비자와의 '약속'이 중요해진 것일까요? 한 가지 명확한 이유로는 SNS의 영향을 들 수 있습니다. 한번 생각해 보시기 바랍니다. 최근에 여러분께서는 매스미디어 광고를 보고 어떤 제품을 구매하신 적이 있으십니까? 혹은 매스미디어 광고에서 본 제품을 친구에게 추천한 적이 있으십니까? 아마도 그랬던 기억이 바로 떠오르지 않을 수 있습니다.

물건을 구매할 때 브랜드를 알게 된 경로나 추천 과정에서 SNS가 큰 역할을 하게 되면서 '다들 알고 있는 제품'을 일부러 지인들에게 추천할 필요가 없게 되었습니다. 또한 지인들에게 어떤 제품을 알려주려 할 때, 그 브랜드가 제대로 된 브랜드가 아니라면 추천한 사람에 대한 신뢰도도 떨어질 수 있습니다. '왜 이런 걸 추천해준 거야? 센스 없네'라고 여겨지기 싫은 것입니다.

예를 들어 제가 친구에게 어떤 건강식품을 추천하는 상황이라면, 저는 일부러 대기업 제품을 추천하지는 않을 것 같습니다. 오히려 '이거 알아?'라고 하면서 아직 잘 알려지지 않은 제품을 추천하면서 뿌듯해할 것 같습니다.

하지만 믿을 수 있는 성분과 원료를 사용한 제품이 아니거나, 독특한 브랜드 스토리를 가지고 있는 상품이 아니라면 추천한 저의 신용도도 떨어질 것입니다. 그렇기 때문에 '너는 아직 모를 수도 있는데, 이런 좋은 제품이 있어'라고 말할 수 있는 브랜드야말로 인기를 끌게 됩니다.

D2C가 붐을 일으킨 이유 역시 그 본질은 여기에 있는 것이 아닐까 합니다.

글로시에(Glossier), 올버즈(Allbirds), 캐스퍼(Casper), MVMT 등의 브랜드를 초반에 알게 된 사람들은 지인들에게 '이거 알고 있어?'라며 열심히 추천했던 경험이 있을 것입니다. 저도 주변 사람들에게 꽤 열심히 추천한 기억이 있습니다.

입소문이 중요한 시대가 되면서, 제품의 품질에 더해 기업과 브랜드의 행보가 대단히 중요해진 이유가 바로 여기에 있습니다. 마케터들은 종종 '내러티브' 또는 '스토리텔링'을 강조하는데, 이것은 바꾸어 말하면 '이런 활동을 하고 있는 브랜드입니다'라고 사람들에게 소개하는 것이 중요하기 때문입니다.

예를 들어 어느 브랜드가 제조 과정에서 어떤 점에 신경을 쓰는지, 일하는 사람들과 공정한 계약을 맺고 있는지, 환경 문제를 염두에 두고 있는지, 회사 내부에 정신적, 신체적 괴롭힘은 없는지와 같은 것들 말입니다. 펜티야말로 '이런 브랜드다'라고 소개할 수 있는 요소가 정말 많은 회사입니다.

유명한 D2C 회사들 역시 광고에 예산을 사용하지 않고 원가율을 높여서 제품의 질을 향상시키기도 하고, 동물 실험을 하지 않음을 표명하는 등 인류와 사회, 환경을 고려하는 윤리적인 기업이라는 점을 강조하거나, 다양성과 포괄성(사회적 포섭)을 위한 활동을 하고 있다는 점을 열심히 강조하고 있습니다.

'완벽하게 좋은' 기업은 존재하지 않는다

한편, 투명성이 높아지고 있다는 점이 브랜드의 성장 기회로 반드시 이어지지는 않을 수 있습니다. 아무리 많은 사람이 '좋은 기업'이라고 평가를 한다 하더라도, 누군가는 반드시 비판한다는 점이 현대 사회 브랜드들이 겪고 있는 어려움입니다.

예를 들어, 일론 머스크는 영향력 있는 경영자였고 세계를 좋은 방향으로 이끌어 나가는 신뢰할 수 있는 사람처럼 보입니다. 그러나 다른 관점에서 살펴보면 부당 노동에 대해 신고하는 사원이 있는가 하면, '대부분의 기술이 매수한 것이며, 그의 아이디어가 아니다'라는 통렬한 비판의 목소리도 있습니다.

다시 말해 '완벽하게 좋은' 회사란 존재하지 않는다고 생각하는 편이 나을지도 모르겠습니다. '일을 잘하는 사람'인 동시에 '곤란한 일을 만드는 사람 또는 남을 괴롭히는 사람'인 경우가 흔하디흔하기 때문입니다.

당연한 이야기일 수도 있지만 사람이든 기업이든 다양한 측면을 가지고 있다는 점을 전제로, 괴롭힘은 '결코 허용하지 않는다'라고 단호히 말하면서 '어떻게 하면 상황이 더 나아질 수 있을지'를 끊임없이 생각하고 행동해나가는 것이 중요합니다.

물론 과거의 발언이나 행동을 비판하고 배제하려 하는 안이한 보이곳도 좋지 않지만, 괴롭힘이 있는 상황이야말로 더 나쁜 것이라고 생각합니다. 물론 정말 해결하기 어려운 문제이기는 합니다.

제가 서두에서 '좋은 회사'를 정의 내리기 어렵다고 말한 것 역시 이 문제와 관련이 있습니다.

가슴에 손을 얹고 '나는 완벽하게 올바른 사람이다'라고 말할 수 있는 사람이 몇이나 되겠습니까. 그렇기는 하지만 '조금이라도 더 나은 사람이 되려고 하는 노력'을 결코 포기해서는 안 됩니다. 그러므로 개인이든 브랜드나 기업이든 간에 어떻게 개선해 나갈지가 향후의 큰 과제가 될 것이라고 생각합니다.

게다가 '이러한 복잡함'을 견디지 못하고 간접 광고(비노출 광고)를 하려 하거나, 정보를 숨기고 조작하는 방법 또는 후기를 '돈을 주고 사는' 방법은 어떨지 고민하는 기업인들도 있습니다.

하지만 그러한 행동은 논외로 생각해야 할 것 같습니다. 기본적으로는 인플루언서나 리뷰를 '구매'한다는 발상 자체가 위험하다는 것을 인지해야 하며, 잘못된 방식이라는 사실을 인식하고 있어야 할 것입니다.

세상에는 회사에 불이익이 되는 내용이 포함된 리뷰나 그런 글이 올라온 사이트를 검색에 걸리지 않게끔 '역 SEO(검색 최적화)'하는 방법이 있습니다. 그리고 그런 서비스에 '돈을 지불하고 공공연히 이용하는' 기업도 있을 것입니다.

이러한 것을 어디까지 허용할 수 있고 어디까지가 정당한 것인지 선을 긋기란 정말 어렵습니다. 그렇다 하더라도 브랜드와 기업들이 고결한 자세를 유지했으면 합니다.

선거 공약을 하는 것처럼 미래에 대해 이야기하라

기업이나 브랜드들이 전략을 발표할 때 흔히 '스토리텔링'이라는 표현을 사용합니다. 이것은 고객에게 브랜드가 얼마나 진심으로 활동하고 있는지를 이야기로 전달해서 고객들의 이해와 공감을 얻으려는 것입니다. '스토리'라고는 하지만 기본적으로 '옛날에는 어떤 것이 있었고 지금은 이런 활동을 하고 있으며, 미래에는 이렇게 변화할 것이다'라는 시간의 흐름에 따라 기술합니다.

예를 들어 브랜드 스토리의 구조는 과거에 창업자가 어떤 생각으로 회사를 설립했고, 지금은 어떤 난관을 극복하며 제품 개발에 성공했는지 그리고 미래에는 브랜드 활동을 통해서 회사에 어떤 영향을 주고 싶은지 설명하는 형태로 구성되어 있습니다.

저는 지금 시대의 브랜드 스토리 중에서 '미래'를 언급하는 부분이 대단히 중요해졌다고 생각합니다. 수많은 분야에서 명확한 니즈가 사라졌고, 환경이나 커뮤니티가 여러 방향에서 심각한 위협을 받고 있는 지금이야말로 미래로 이어지는 브랜드 스토리가 필요한 시점입니다.

머리말에서 언급한 것처럼 Z세대는 '쇼핑은 투표다'라고 생각하며, '자신의 미래는 소비를 통해 바꿀 수 있다'라는 신념을 가지고 있습니다. 쇼핑이 투표라고 한다면, 미래에 대한 약속은 바로 선거 공약이라고 할 수 있습니다.

브랜드는 선거에 출마한 후보자처럼 공약을 내걸고, 지금까지 쌓아온 노력과 실적을 바탕으로 정합성과 설득력 있는 방법을 통해 미래에 무엇을 약속할 수 있는지를 유권자(고객)들에게 전달해야만 합니다.

리한나는 미래에 포섭성이 높은 브랜드로 만들겠다고 약속했으며, 소비자들 역시 리한나의 지금까지의 활동과 행보를 평가합니다. 그러므로 이것이야말로 '투표(다시 말해 구입)'에 해당하는 것입니다.

좋은 물건이니까 '즉시 구매하시기 바랍니다'라고 말하는 것이 아니라, '지금까지 좋은 물건을 만들어 왔으니까 앞으로도 계속해서 좋은 물건을 만들 것이므로, 기대해 주시기 바랍니다'라고 전달하는 것이 중요합니다.

H&M과 나이키는 어떤 스토리텔링을 하고 있는가

스토리텔링을 통해 미래에 대한 기대감을 조성하는 글로벌 브랜드들은 수없이 많이 있습니다. 예를 들어 H&M은 일찍이 환경 파괴나 아동 노동 문제로 인해 크게 비판을 받은 적이 있었지만, 이를 개선하기 위해 다양한 방법으로 노력했습니다.(※11)

H&M은 미래를 향한 투자 스토리에서 환경에 관한 최신 기술을 가진 스타트업 기업을 대상으로 하는 어워드(글로벌 체인지 어워드)를 마련하고, 뛰어난 기술에 투자할 것임을 명확히 밝혔습니다. 또한 '아직 실현되지 않은' 아이디어를 구상하고 있는 기업들을 위해서도 어워드를 마련하기 위해 준비하기 시작했습니다.(※12)

이것은 지금의 마련이나 실천을 구체화하여 미래에 대한 기대감을 '이야기하는' 행동입니다.

물론 '지금 당장 할 수 있는 것' 역시 중요합니다. 매장 안에 재활용 분리수거함을 배치해 두거나, 지금 보유하고 있는 기술을 활용해서 업사이클링(새활용)할 수 있는 티셔츠를 판매하는 활동처럼 즉시 실천할 수 있는 것은 실행하는 편이 좋습니다. 그리고 그다음으로 '미래를 구체적으로 이렇게 바꾸고 싶다, 이러한 모습을 실현하고 싶다'라는 비전과 목적을 주축으로 해서 새로운 아이디어에 투자하는 것 또한 스토리텔링에서 대단히 중요한 부분이라고 할 수 있습니다. 크라우드 펀딩에서 원활하게 자금을 조달하고 있는 많은 회사는 구체적인 기술이나 실적에 근거해서 '이것이 실현된다면 정말 멋질 것'이라는 명확한 비전을 가지고 있습니다.

예를 하나 더 들어보겠습니다. 여러분도 잘 알고 계실 브랜드 나이키에서는 2018년에 노엘 킨더(Noel Kinder)가 최고 지속 가능 책임자(Chief Sustainability Officer)로 취임한 이후 그룹 차원에서 환경을 위한 활동을 열심히 진행하고 있습니다.

대단히 흥미로운 점은 지금까지는 환경문제라고 하면, 기본적으로 각각의 회사들이 각자가 구상한 활동을 하고 개별적으로 실천하는 것이 상식이었습니다. 그런데 나이키에서는 '환경 활동은 한 회사만 실시하는 것이 아니라, 다양한 기업의 이해관계자(스테이크 홀더) 들과 아이디어를 연계할 필요가 있다'라며 오픈 이노베이션의 필요성을 주장했고, 여러 기업들과 제휴를 가속화하는 활동을 시작했습니다.(※13) 그리고 2019년에는 'Move to ZERO'라는 방침을 발표했습니다. 이 방침에 근거해서 신설된 파리의 플래그십 스토어 '하우스 오브 이노베이션'은 완전한 환경형 미래를 제시하는 모델이 되었습니다.(※14)

2만 6,000 제곱피트 면적의 이 플래그십 스토어는 모두 재생 가능 에너지로 운영되고 있으며, 벽과 디스플레이 같은 부분에 지속 가능(서스테이너블)한 소재를 8만 5,000 킬로그램 이상 사용했습니다.

또한 낡아서 더이상 신지 못하는 스니커즈를 재활용하는 '리유즈 어 슈(Reuse-A-Shoe)'라는 프로그램도 도입했습니다. 이것은 나이키뿐만 아니라 브랜드에 관계없이 못 신게 된 스니커즈를 모아서 '소재'로 활용하며, '나이키 그라운드'라고 하는 재료로 재탄생시키는 프로그램입니다.

이 플래그십 스토어에서는 매장 내부의 벽이나 바닥에 실제로 나이키 그라운드의 소재를 사용했습니다. 지속가능성과 관련된 활동을 철저히 해서 '스토리'로 만들고 '실제로 제시하는' 과정을 통해 나이키는 앞으로도 계속 환경문제에 대한 행동을 취할 것이라는 기대감을 높여 나가고 있는 것입니다.

아무나 이야기할 수 있는 메시지로는 마음을 울릴 수 없다

일본 기업들의 경우, 브랜드 스토리의 '과거'와 '현재'를 이야기하는 것에는 능숙하지만 '미래'를 약속하는 데는 어려움을 느끼는 경향이 있다고 생각합니다.

일본 기업들은 '창업자가 남긴 말'을 지금까지도 소중히 여기고 있으며, '이번 상품의 아이디어는 이런 점이 흥미롭습니다'라든가 '눈여겨보아야 할 스펙은 바로 여기입니다!'라고 강조하는 측면에서는 꽤나 신경을 쓰고 있습니다. 그러나 '미래에는 회사의 어떤 모습을 실현할 것인가?'에 대해서는 상당히 이야기하기 어려워합니다. 미래의 회사에 대한 이야기가 시작되는 순간, 해상도가 갑자기 낮아져 버리는 것 같은 느낌을 받습니다.

사우스 바이 웨스트(SXSW)와 같은 국제적인 콘퍼런스에서도 일본의 대기업 브랜드들은 토킹 세션에 잘 참가하지 않고, 프레젠테이션을 한다 하더라도 기본적으로 준비된 원고를 읽어 나가기만 할 뿐입니다. '미래에 대해 이야기하는 것'을 어려워하는 것입니다.

또한 일본 대기업이 가지고 있는 이념을 살펴보면 어느 회사든 '인류가 행복할 수 있는 미래를 실현한다'라거나, '활기찬 내일을'처럼 누구나 할 수 있는 당연한 말을 하는 곳이 적지 않습니다.

미래를 어떻게 바꾸어가고 싶은지에 대한 구체적인 맥락, 다시 말해서 목적이나 비전이 애매한 회사들이 많은 것 같습니다. 일반적인 내용만 이야기할 뿐이고, 해당 기업만이 전달할 수 있는 '독창적인' 메시지가 희미합니다.

반면 테슬라에는 '반드시 이런 미래를 실현하겠다'라고 기대할 수 있는 부분이 있습니다. 테슬라의 스토리텔링을 듣고 있으면 확실히 미래에 자동 운전 기술을 내장한 EV 자동차를 소유한다면 소유주가 차량을 직접 사용하지 않을 때는 로봇 택시와 같은 형태로 다른 사람에게 '대여하는' 것도 가능하고, 그렇게 해서 오너로서 수입의 일부를 나눠 받을 수 있을 것이라는 예상과 더불어 친환경적인 모빌리티 에코 시스템도 실현할 수 있을 것 같은 '기대감'을 가지게 됩니다. 그러면 해상도가 높은 선명한 '청사진'이 머릿속에 그려지게 되는 것입니다.

하지만 일본의 자동차 회사들의 경우, 어떤 미래를 만들 것인지 명확하게 약속하고 있는 것 같아 보이십니까? '연비가 훨씬 좋아질 것입니다', '스마트 시티를 구축할 것입니다', '사망사고를 0으로 만들겠습니다'와 같은 다양한 문구를 볼 수 있긴 합니다.

하지만 이것이 회사의 어떤 변화로 이어지는 것인지, 그 청사진의

해상도와 실현 정도가 전혀 파악되지 않는 스토리가 많은 것 같습니다. 스토리는 사람들의 이해도를 깊게 하고, 납득하게 만들며, 공감하게 만드는 힘을 가지고 있습니다. 스토리가 있어야 상대방이 '다음 내용을 더 듣고 싶다'고 생각하게 됩니다. '정보'와 '이야기'의 차이는 납득과 공감이 가능한지 여부로 드러납니다.

또한 이야기에는 시간축이 존재하기 때문에, '우리는 어디서 왔으며, 어디에 있는가. 또한 어디로 향하고 있는 것인가'라는 점이 명확하게 드러납니다. 잘 만들어진 이야기를 듣고 있으면 기업이 나아가야 할 방향을 알 수 있습니다.

어디로 향하고 있는지를 알고 있다면, 그 회사에서 일하는 사원들 또한 자신들이 지금 하고 있는 일이 무엇으로 이어지는지 명확하게 이해하고, '의의'를 가질 수 있게 됩니다. 그렇게 되면 결과적으로 사원들을 고무할 수 있고, 동기부여로 이어집니다. 나아가야 할 방향을 파악하기 어려운 시대이기 때문에 더더욱 '물건을 만드는 것'만큼이나 '이야기'가 중요한 것입니다.

이야기에 따라 상품의 가치가 변화한다

만약 눈앞에 명확한 니즈가 있는 경우라면, 브랜드의 복잡한 스토리는 필요가 없을 것입니다. 목이 마른 사람이 있다면 가능한 한 빨리 물을 제공하는 것이 해결책이기 때문입니다.

제공하는 물이 어느 지역에서 채취된 물인지, 환경에 어떤 부담을 주었는지, 매출의 일부를 어떤 단체에 기부하는지와 같은 문제는 중요하지 않을 것입니다. '물맛이 좋고, 신속하게 제공되고, 가격이 저렴하다'면 니즈는 충분히 만족됩니다.

브랜드 전략을 세울 때 일본 회사들은 흔히 '더 편리하고 저렴하게 만들 수 있다면 팔릴 수 있다'라는 옛날부터 변함없이 이어져 온 '니즈'에 대해 이야기합니다.

일본에서는 어째서인지 '편리하고 저렴한' 것을 최고의 니즈로 여겼고, 개발 목적도 항상 이 니즈에 고정되었습니다. 애써 고품질의 제품을 만들어 놓고는 일부러 패키지를 저렴하게 만든 다음 '이렇게 해야 잘 팔린다'고 말하는 상황이 현장에서 몇 번이나 발생하곤 합니다.

하지만 앞으로는 회의 시간에 '편리하고 저렴한'이라는 표현이 등장한 순간, 마케터는 '잠시 기다려 주시기 바랍니다!'라고 주의를 환기할 필요가 있습니다. 종전 후의 일본이라면 불편함을 해소할 수 있는 저렴하고 편리한 물건을 필요로 했고, 대중 역시 물건을 저렴하게 구매하고 싶어 했습니다.

그야말로 마쓰시타전기 창업자인 마쓰시타 고노스케의 수도 철학(水道哲學, 수도꼭지에서 물이 흘러나오는 것처럼 생활필수품을 누구나 저렴하게 구매할 수 있도록 충분히 공급해야 한다는 생각)과 같은 발상입니다.

그러나 현대 사회는 저렴한 물건이 넘쳐나는 시대가 되었기 때문에 편리하고 저렴한 것을 브랜드 전략으로 삼는 것은 위험합니다. 단순히 생활필수품을 만드는 것만 가지고는 이익을 창출할 수 없기 때문입니다.

그렇기 때문에 '편리함이란 무엇인가? 목적을 어디에 두고, 소비자에게 무엇을 약속할 것인가?'라고 스토리를 재수정하는 관점이 필요해졌습니다.

예를 들어 '편리하다는 것은 효과적으로 시간을 사용한다는 의미이며, 새로운 럭셔리함이다'라는 방식으로 발상의 전환을 해서 이야기를 전개할 수도 있습니다. 편리하기 때문에 저렴하다는 공식이 반드시 성립하는 것은 아닙니다.

실제로 우버 같은 온디맨드 타입의 택시 배차 서비스를 보면 애플리케이션의 UI 디자인이 고급스럽다는 느낌을 받을 수 있습니다. 그리고 일반 택시를 이용하는 것보다 제법 비싼 요금으로 서비스를 제공합니다.

이렇게 할 수 있는 이유는 '우버 앱으로 택시를 호출하면 호출 시간이 단축되며, UI를 통해서 지금 어디로 이동하고 있는지 정확히 알 수 있다. 고객에게 높은 효율성을 제공하면 고객은 새로운 고급스러움을 체험하게 된다'라는 가치 전환이 있었기 때문이라고 생각합니다.

만약 '편리하고 저렴하게 택시를 부를 수 있다'는 것만 강조한 스토리였다면 기존 택시 이용 요금보다 더 많은 요금을 받을 수는 없었을 것입니다. 어디에 가치를 두는가는 결국 마케터가 전달하는 브랜드 스토리에 따라 달라집니다.

나라들 중에는 호텔 서비스에 '팁'을 줘야 하는 곳이 있습니다. 일본의 경우에도 선술집에서 주문하지 않은 '전채 요리'에 자릿값 명목으로 비용을 청구하는 경우가 있습니다. 이러한 것은 각각의 공동체 내부에는 특정한 스토리가 내재되어 있고, 가치를 둘러싼 의견 일치가 있기 때문에 가능한 것입니다.

'올바름'보다도 특이함과 개성이 공감을 이끌어낸다

지금까지는 브랜드 스토리가 얼마나 중요한지에 대해서 이야기했습니다. 잘 짜인 스토리에는 금세 몰입하게 되지만, 당연하게도 어색하고 앞뒤가 맞지 않는 스토리나 어디선가 들어본 것 같은 흔해 빠진 스토리를 듣게 되면, 듣는 사람 입장에서는 흥미가 떨어집니다. '또 똑같은 이야기를 하는군'이라는 생각이 들기 때문입니다.

다시 말해 이 회사에서만 들을 수 있는 매력적인 스토리가 아니면 재미가 없어지는 것입니다.

예를 들어 지금은 어느 기업이든 간에 SDGs를 중요시하고 있으며, 베네피트 코퍼레이션(B corporation, B corp)이라고 하는 흥미로운 인증도 등장했습니다.(※15) 이는 기업이 환경을 위해 어떤 활동을 하는지를 비롯해 거버넌스와 지역 사회에 공헌하는 정도처럼 SDGs에서 요구하는 기준이 기업 활동 레벨의 기준이 되기 때문에 대단히 이해하기 쉬운 인증입니다.

다시 말해 '좋은 기업'이나 '좋은 브랜드'란 무엇인가에 대해 어느 정도 '기준'을 제시하고 '합의'를 거치고 있습니다. 따라서 기업이나 브랜드는 그 기준에 도달해야만 합니다. 환경 부하를 줄이는 데 반대하는 사람은 없을 것이며, 지역 사회에 공헌한다면 누구나 칭찬할 것입니다. 그러나 기준을 만족하는 것 자체가 목적이 되면, 이번에는 브랜드 스토리의 매력이 사라지게 됩니다.

SDGs를 실현하기 위해서는 다양한 방법이 있고, 해당 사회에서만 적용되는 독특한 관점과 개성이 중요하게 작용합니다. 다시 말해

SDGs는 '올바른 것'을 가려내는 심사 기준의 한 가지이기는 하지만, 그 자체가 '매력'의 기준이 되지는 못한다는 것입니다. 올바르기만 한 사람에게 매력을 느끼지 못하는 것과 마찬가지겠습니다. 지금은 각각의 사회에 적합한 독특한 관점과 개성을 가지고 올바른 목표를 실현하고 있는가 하는 점이 요구됩니다.

앞서 소개한 H&M은 섬유와 관련된 기술 혁신 어워드를 마련했었고, 나이키는 신발의 새로운 존재 양상에 대해 나이키다운 순환형 경제를 실현하려고 노력하고 있습니다. 각각의 사회 생업과 관련된 스토리여야만 비로소 사람들이 공감하고, 흥미를 가지게 되는 것입니다.

일본의 경우, 정부에서 '이러한 기준을 제정했습니다. 모두 이 기준에 따라 주시기 바랍니다'라고 발표하면 회사들마다 각기 대책 프로젝트 팀을 결성한 다음 최소한의 대책을 세우는 경우가 자주 있습니다. '일단 저희 회사도 실시하고 있습니다'라는 식의 대응입니다만 자세히 살펴보면 모든 회사들이 다 고만고만하고 비슷한 내용을 제출합니다.

독창적인 것보다 일반적인 것을 중시한다고 표현하면 적합할 것 같습니다. 각 조직의 독특함이나 그들만이 사용하는 표현이 전혀 느껴지지 않고, 어딘가에서 본 적이 있는 문장만 늘어놓고 있습니다.

결국 SDGs 대책과 관련해서도 어디서 들어본 듯한 이야기뿐이고 굳이 '이 회사에서 이 이야기를 듣지 않아도 될 것 같은' 상황이 됩니다. 매력적인 가치를 제시하기보다는 '일단 뭐든 해서 문제가 생기지 않게 하자'라는 태도가 만연해 있습니다. 주주들뿐만 아니라 '브랜드'의 입장에서 고객에게 어필하고 싶은 경우에도 개성을 살리는 편이 효과적입니다.

매력적인 스토리텔링을 하기 위해서는 정부에서 제정한 기준에 대해 비슷비슷한 의견을 내는 것보다도, 사원 개개인의 현실적인 체험이나 해당 회사에서만 떠올릴 수 있는 발상으로 바라보는 것이 필요합니다. 스토리에 공감할 수 있는 핵심은 독창성(오리지널리티)밖에 없습니다.

세계를 바꿀 테크놀로지일수록 '현실'을 이야기하라

앞서 SDGs를 둘러싼 스토리텔링에 대해서 언급했었는데, 일본 기업들은 테크놀로지에 관련된 스토리텔링 역시 어려워하는 것처럼 보입니다. 기업이 가지고 있는 테크놀로지는 대단히 높은 레벨이며 스펙도 좋은 것이 많은 반면에, 이를 둘러싼 스토리는 허술한 경우가 많다고 느꼈습니다.

테크놀로지란 기본적으로 사회나 정치와 어느 정도 거리가 있습니다. '엔지니어는 기술 전문 지식 이외에는 언급하지 않는다'는 관습과 암묵적인 규범이 있기 때문에 그렇다고 생각합니다. 저는 대학에서 공학을 전공했는데 학생 시절부터 이러한 인식을 강요받아 왔습니다.

공학자들은 다양한 분야에서 세상을 지탱하고 있음에도 사회나 정치에 대해 이야기할 기회가 별로 없습니다. 이야기할 기회를 주지 않는다고 표현하는 것이 맞을 수도 있습니다. 오히려 입을 다물고 근엄하게 스펙을 쌓는 데 집중하라고 하는 듯한 느낌이 들었습니다.

바꾸어 말하면 일본 기업들의 경우에는 지금까지 기술은 정치와 분리되어 있고 중립적인 것이며, 정치나 사회처럼 복잡한 것에 대해서는 '침묵을 지키는' 입장을 취해 왔다고 생각합니다.

이전에 모 대기업에서 의뢰를 받아 마케팅 전략을 수립하기 위해 실시하는 PEST 분석(정치, 경제, 사회, 테크놀로지 동향을 분석하고, 미래를 위한 전략을 세우는 것)을 한 적이 있습니다. 그러나 프로젝트가 진행되는 도중에 클라이언트가 'PEST의 P에 해당하는 정치(Politics) 부분은 건드리지 말아 달라'고 당부했습니다.

그때 담당자가 했던 말이 인상적입니다. '우리는 기술을 다루는 회사이기 때문에 정치에 관해서는 다루지 않았으면 좋겠다'라고 말했던 것입니다.

결국 PEST 분석에서 P를 제외한 EST 분석이 되어 버렸는데, 저는 이 상황에 대해 꽤 큰 충격을 받았습니다.

AI 기술은 물론이거니와 바이오테크놀로지를 시작으로 한 고도의 기술이야말로 사람이 일하는 방식이나 생활 방식 그리고 행동을 뿌리부터 바꾸어 놓을 수 있으므로 사실은 지극히 정치적인 것이 아니겠습니까. 그렇기 때문에 우리는 기술을 둘러싼 스토리를 더 진지하게 마주하는 편이 좋을 것입니다.

'싱귤래리티(singularity, AI가 인간 지능을 넘어서는 기점)'나 '디스럽션(disruption, 기존 질서와 시장을 전면적으로 뒤흔드는 혁신)'은 인류와 사회에 어떤 영향을 미칠 것이라 생각하십니까. 만약 그러한 것들이 안심할 수 있는 것이 아니라면 왜 그러한 것들을 개발하고 있는 것입니까. 세상이 격변하고 있기 때문에 인류는 분명 기술이 미래를 약속해 주기를 바랄 것입니다.

GAFAM(구글, 애플, 페이스북-현 메타, 아마존, 마이크로소프트)이나 중국 애플리케이션의 개인 정보 취급에 대한 비판의 목소리가 높아지고, SNS 홍보를 위해 만들어진 가짜 뉴스나 애드 프로드(ad fraud, 광고 사기) 문제처럼 급속히 진화하고 보급되고 있는 최첨단 기술이야말로 정치 문제와 관련이 있습니다. '기술 개발은 정치나 사회에서 독립되어 있다'고 생각하는 발상은 대단히 위험한 것이라고 생각합니다. 더욱 다양한 각도에서 살펴보고 의논해야만 합니다.

2017년 미국 대통령 선거에서 트럼프가 당선되었을 때 SXSW는 '트럼프 정권의 테크놀로지(Tech Under Trump)'라는 주제하에, 테크놀로지의 정치적 암흑면에 관한 테마를 빈번히 논의했습니다. 개중에는 독일의 정치 철학자 한나 아렌트까지 참고인으로 세워 민주주의의 위기와 AI의 관계에 대해 논하는 세션도 있었을 정도였습니다.(※16)

급진적인 테크놀로지가 초래하는 사회적 영향에 대해서 기업들은 '어떤 자세를 택해야 하는가', '어떤 액션을 취해야 할 것인가'라는 생각이 브랜드를 좌우하는 시대가 되었습니다. 엔지니어링 사회 역시도 '우리와는 관계없는 일'이라고 딱 잘라 말하기는 어려워졌습니다.

예를 들어 SNS 하나만 놓고 보더라도 '규제를 더욱 강화하는 편이 좋다'라는 유럽의 의견이 있는가 하면, 'SNS는 만들어진 지 겨우 5천일 정도밖에 지나지 않았으며, 더욱 변화해 나갈 것이기 때문에 한동안은 놔두는 것이 낫다'라는 의견도 있습니다.(※17)

다양한 의견이 도출되는 것이 무엇보다 중요하고, '말하지 않고 잠잠히 있는 것'보다도 '다양한 의견에 귀를 기울이고 생각해 보는 것'에서 시작하는 자세가 좋을 것입니다.

도덕성이 요구되는 테크놀로지

테크놀로지를 둘러싼 '스토리'를 하나 예를 들어 보겠습니다. 매사추세츠 공과대학(MIT)의 컴퓨터 과학자 조이 보롬위니(Joy Buolamwini)는 아마존이나 마이크로소프트, IBM에서 제공하는 AI 서비스가 백인 엔지니어의 영향을 얼마나 받았을지에 대해 연구했습니다.(※18) 그녀는 안면 인식 소프트웨어의 경우, AI 학습 데이터에 백인 남성의 얼굴만 사용했기 때문에 AI가 흑인 여성의 얼굴은 인식하지 못하는 '편견'이 발생한 문제를 지적했습니다.

엔지니어 업계나 그곳에서 활용하는 데이터에 인종과 계급 편차가 발생하면, 그들이 제공하는 기술과 서비스는 공정함과 거리가 멀어집니다.

테크놀로지는 정치적인 것이며 도덕성이 요구됩니다. 다양한 배경을 가진 사람들을 포용하는 것은 여러 번 강조해도 중요합니다.

'기술과 공정함'에 대해 이야기했었는데, 새로운 기술에서 탄생한 서비스가 '사회의 공정함'을 둘러싸고 새로운 흐름을 만들어내고 있는 사례도 많이 등장하고 있습니다.

최근에 라틴 엑스(라틴계 사람들)와 관련된 새로운 핀테크(FinTech) 기업이 다수 생겨났고, 대폭 성장하고 있다는 사실을 알고 계십니까.(※19) 이 사실을 뒤집어 보면 지금까지 라틴계 사람들은 금융 서비스를 거의 받지 못했다는 사정이 있다는 것을 알 수 있습니다. 다시 말해 메이저 은행을 설립할 때 라틴계 사람들을 서비스 대상으로 고려하지 않았으며, 제대로 마주하지 않았다는 배경이 있는 것입니다.

예를 들어 라틴계 사람들이 은행 창구를 방문해서 융자를 받으려

할 때, 은행이 그들과 관련된 여신 데이터를 수집하지 않았기 때문에 융자를 거절하는 경우가 많았습니다. 단적으로 말하자면 '고객이라고 생각하지도 않았다'는 뜻입니다.

그러나 지금은 상황이 달라졌습니다. 신흥 기업이 지금까지 '무시' 당하던 사람들에게 핀테크 서비스를 제공하면서 새로운 '기회'를 잡게 된 것입니다. 앞서 말한 라틴 계열 사람들을 위한 서비스는 제파(Jefa)라는 핀테크 회사에서 제공하고 있습니다.(※20)

이 회사는 라틴 계 여성들이 직접 은행 구좌를 개설하고 돈을 관리할 때 발생할 수 있는 문제들을 해결하려는 목표를 가지고 있으며, 남미 서비스 시작 전 2011년 시점에 이미 5만 명의 대기자를 확보했으며 2022년 말에는 사용자가 10만 명을 돌파했습니다.

서비스에는 리워드 프로그램도 포함되어 있는데, 고객들은 생리용품 구입 및 부인과 검진처럼 여성을 지원하는 데 관련된 서비스를 카드 포인트로 구입할 수도 있습니다.

또한 테크놀로지 업계 내부에서도 테크놀로지 윤리를 다시금 확인하려는 움직임이 발생하기 시작했습니다. 예를 들어 여러분은 트리스탄 해리스(Tristan Harris)에 대해서 알고 계십니까. 넷플릭스에서 방영했던 다큐멘터리 '소셜 딜레마'를 보신 분이라면 알고 계실지도 모르겠습니다.(※21)

트리스탄은 원래 구글에서 '디자인 어시스트(윤리 디자이너)'로서 구글 서비스를 어떻게 제공하면 사람들이 윤리적으로 행동할지 고안하고 이끌어 나가기 위한 프레임워크를 만든 사람입니다.

그는 '실리콘밸리에서 가장 양심에 가까운 존재'라고도 불리고 있으며, 최근에는 비영리 단체인 '센터 포 휴먼 테크놀로지'라고 불리는 단체를 창설했습니다.

그리고 테크놀로지 업계 측에 '가짜 뉴스 확산을 방지하게 하는 방법'이나 '사람들이 무심코 클릭하게 되는 UI의 다크 패턴(사용자를 속여서 이득을 갈취하는 인터페이스)을 어떻게 해결하면 좋을지'와 같은 문제들에 대해 다양한 의견을 제시하고 있습니다.(※22)

기술을 다루는 기업이야말로 윤리 문제나 기술을 정치적으로 이용하는 것에 대해 민감하게 반응해야 하며, '관계없다'는 입장을 취해서는 안 된다는 것을 인지해야만 합니다.

세계의 마케터는 지금 무엇을 생각하고 있는가

지금까지 브랜드 스토리텔링의 중요성과 소비자들의 인식 변화, 테크놀로지의 비약적인 진화와 보급 그리고 그에 따른 급속한 사회 변화를 통해서 '마케팅'이 처한 역할도 크게 변화하려고 한다는 점에 대해 이야기했습니다.

꽤 복잡하게 들릴 수도 있겠지만, 간단히 이야기하면 전 세계의 마케터들이 지금 생각하고 있는 것은 '마케팅이 성립하는 조건' 그 자체라고 생각합니다. 마케터가 고려해야 할 대상은 '시장과 경제' 뿐만이 아니게 되었다는 의미입니다.

시장은 테크놀로지나 문화와 인접해 있으면서 상호 영향을 미치고 있습니다. 애초에 시장은 사회가 원활히 운영되지 않으면 성립하지 않으며, 더 나아가 사회는 지구 환경이 안정되어 있기 때문에 성립할 수 있습니다.

지구의 자원이 무한하다고 생각했고 커뮤니티 역시 안정화되었던 지금까지는 시장의 존재란 '당연'한 것이었으며, 이익을 창출하는 것만 고려하면 되었습니다. 하지만 지금은 시장 그 자체의 기반인 사회와 자연환경이 흔들리고 있습니다. 그래서 '마케팅'에도 미래 사회와 환경을 좋은 방향으로 이끌어 나가는 역할이 요구되는 것입니다. 발판이 탄탄할 때는 발판에 대해 고민할 필요가 없지만, 발판이 흔들리면 비로소 발판의 중요성에 대해 깨닫게 됩니다.

지금 마케팅은 마케팅 자체의 존립 조건과 마주하기 시작했다고 생각합니다. 하지만 조금 늦었을지도 모르겠습니다. 세계의 마케터들은 환경, 사회적 포섭, 교육, 사람들의 정신적인 건강에 대해 지금 무엇을 해야 하는지 진지하게 고려하고 있습니다.

착각하면 안 되는 것은 마케팅에 유행하고 있는 사회 공헌 요소를 포함시킨 척하면서 '보여주기식'으로 행동한다면 물건이 팔리는 것도 아니고, 칸느상을 수상하게 되는 것도 아니라는 점입니다. 사실은 그 반대입니다. 소셜(사회)은 마케팅보다 앞서는 것입니다.

제가 광고 회사에서 일하고 있었을 무렵에 크리에이터들이 자주 '칸느 수상작 같은 걸 하고 싶습니다'라고 말하는 것을 들은 기억이 있습니다. 하지만 사실은 하지 않는 것이 좋습니다. 시간이 아무리 흘러도 광고업계는 여전히 경박하다는 인상을 줄 뿐이기 때문입니다. 애초에 사회적인 이슈에 대한 접근 방법은 결코 마케팅에 맛을 더하는 요소로서가 아니라 앞으로의 우리를 둘러싼 환경, 근본, 토대 문제와 관련이 있다는 점을 잊어서는 안 됩니다.

지금 우리가 즐겁고 창의적으로 살아갈 수 있는 것도 사회와 환경이 성립하기 때문에 가능하다는 점을 이해하도록 사고를 전환할 필요가 있습니다. 마케팅에는 기술, 문화, 사회, 환경과 상호 작용을 하면서 각각의 테마와 과제 그리고 그에 관련된 사람들과의 관계를 맺어나가는 것이 요구됩니다.

마케팅 분야에만 시선을 고정하지 않고 외부와 연결을 해 나가는 자세, 바로 그것이 지금 마케터들에게 요구되는 과제라고 생각합니다.

“

왜 일본 기업들은 스토리텔링을 어려워하는 것인가?

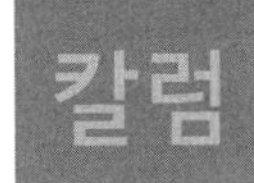

앞에서 일본 기업들은 일반적으로 스토리텔링을 어려워한다는 점을 언급했습니다. 그리고 미래 사회에 대해서 해상도 높은 또렷한 이미지로 스토리텔링 하지 못한다고도 말했습니다. 그렇다면 '스토리텔링을 어려워하는' 이유는 과연 무엇일까요?

이 점은 정확한 증거를 댈 수 있는 것도 아니고, 개인적으로 그런 느낌이 든 이유를 말하는 것이기 때문에 질타를 받을 각오도 되어 있습니다. 저는 일본 기술 업계의 기업가들이 말하는 미래상이 놀랄 정도로 도라에몽이나 건담, 아톰, 공각기동대와 같은 만화와 애니메이션들을 포함하는 서브컬처의 영향을 받았다(지나칠 정도로 영향을 받았다)는 점이 예전부터 이상하기도 하고 신경이 쓰였습니다.

최근에는 비즈니스와 관련된 얘기를 할 때 귀멸의 칼날이나 킹덤의 예시를 드는 사람들도 자주 볼 수 있었습니다. 일본에는 대단히 풍요로운 문학적 자산이 있음에도 일본 경영자들의 상상력이 애니메이션과 같은 것에 지나치게 얽매여있다는 생각이 듭니다.

경제 잡지 특집호에서 종종 '늘 곁에 두고 읽는 책'으로 다들 비슷비슷한 책을 소개하는 것을 보고 실망스럽게 느낀 적이 자주 있었습니다. 문학 서적을 언급하는 경영자들은 그리 많지 않았습니다. 일본 대기업 임원들은 문학적 상상력과는 꽤 동떨어진 사고를 하고 있다는 생각이 들기도 합니다.

몇 년 전 이야기인데, 어떤 우주 사업 분야 스타트업 창업자가 비전에 대한 질문의 답변으로 "건담에서 수많은 로봇이 하늘을 날아다니는 장면을 보고 멋지다고 생각해서, 바로 이거야!라고 생각했습니다."라며 기쁜 듯이 말하는 것을 듣고 힘이 빠져 주저앉을 뻔했습니다. 덧붙여 말하자면 건담이 나쁘다는 의미는 아니지만 '미래에 대해 이야기하는' 비전과 관련해서 건담을 목표로 삼았다는 것은 지나치게 소소하다는 생각이 들었던 것입니다.

미국의 경영자 중 대다수가 매우 학구적인 취미를 가지고 있는 것 같습니다. 빌 게이츠나 마크 주커버그가 그렇듯이 말입니다. 동일한 SF 장르를 언급하는 경우라 하더라도, 피터 틸이나 리드 호프먼은 SF론을 언급할 때 정치사상까지 깊이 파고들어 고찰한 것에 대해 이야기했습니다.

피터 틸은 스타워즈와 스타트렉, 이 둘 중 어느 쪽을 더 좋아하냐는 질문에 대해 '스타워즈가 더 자본주의적이기 때문에 스타워즈를 더 좋아한다'라고 대답한 에피소드가 있습니다. 역시 학창 시절에 철학을 전공하고, 리버테리언(libertarian, 자유지상주의자)의 이상을 표명한 피터 틸이니만큼 확연히 다른 대답입니다.

그 밖에도 아마존이 좋은 회사인지 아닌지는 차치하고, 제프 베이조스가 가즈오 이시구로(石黒一雄)의 《남아있는 나날》에 영감을 받아 사업을 시작했다는 일화도 잘 알려져 있습니다.

그와 같은 문자 애호가가 전자 서적 리더기에 '킨들(Kindle)'이라고 이름을 붙인 것은 정말 세심히 고려했다는 생각이 듭니다. 소년이 나무 그늘에서 킨들을 들고 있는 일러스트 역시 잘 생각해 보면 '킨들을 사용한다면 어두운 곳에서도 책을 읽을 수 있다'라는 점을 잘 나타낸 것이라는 생각이 듭니다. 정말 대단합니다.(※23)

반면 일본의 모 기업이 프로듀싱한 전자 서적 리더기의 이름은 이러한 철학과 배려가 부족하다는 느낌이 듭니다. 콘셉트도 신상품 발표회도 애매한 상태로 광고 회사에 네이밍 시안을 그대로 넘긴다면 제대로 된 결과를 도출할 수 없을 것입니다.

물론 미국은 미국대로, 많은 테크놀로지 창업가들이 자유지상주의자 문학의 시조이자 《움츠린 아틀라스(Atlas Shrugged)》나 《파운틴 헤드(The Fountainhead)》와 같은 작품으로 잘 알려진 아인 랜드(Ayn Rand)와 같은 작가들의 영향을 크게 받았다는 점 때문에 종종 비판을 받기도 합니다.

다시 말해 '초인적인 슈퍼 엘리트'가 기술력으로 세상을 단숨에 바꿔버리기를 기대하는 사상에 심취해 있다는 지적을 받는 것입니다. 이러한 사상이 현대에는 민주주의를 신봉하지 않고 자본주의를 더욱 가속화시키려 하는 '가속주의'라거나, '신반동주의'라거나 '암흑 계몽'이라는 비판을 받기도 합니다.

여기서는 단순히 일본과 미국 중에 어느 쪽이 더 낫다거나 나쁘다는 이야기를 하고 싶은 것이 아닙니다. 하지만 신기하게도 일본 기업가들이 내세우는 비전이 어딘가 서브컬처나 애니메이션과 비슷하다는 점에 대해서는 깊이 생각해 봐야 할 것 같습니다. 각 나라의 특색과도 관련이 있는 것일지도 모르겠습니다.

덧붙여서 나라의 특색이라고 하니 독일 베를린을 방문했을 때, 여러 스타트업 기업가들의 이야기를 들은 때가 떠오릅니다. '사회 조각'이라는 콘셉트로 유명한 예술가 요제프 보이스(Joseph Beuys)의 나라이니만큼 베를린의 커뮤니티와 사회에 공헌하고 싶다는 의사를 밝히는 창업가들이 많이 있었습니다. 미국의 스타트업처럼 슬라이드 서두에서 '세계를 바꿀 것이다'와 같은 거창한 이야기를 하지 않는 것도 특징적이었습니다.(※25)

'기업'이라고는 하지만 어느 사회에 속해 있느냐에 따라서 성격이 크게 바뀔 수 있습니다. 양질의 문학과 픽션, 예술을 접해왔고, 감성을 갈고닦아야만 비로소 몸에 배는 것이 아닌가 생각합니다.

저는 기술이나 디자인이 사회와 어떻게 관련되는지에 대해 이야기하는 '스토리텔링'을 얼마나 잘할 수 있는지의 여부는 경영자의 독서량과 관련이 있다고 생각합니다. 과거 세이부 철도 그룹 회장이었던 쓰쓰미 요시아키(堤義明) 정도까지는 아니라 하더라도, 마케터들 역시 사람들을 매료시키는 스토리텔링의 힘을 연마해야 합니다.

새로운 사업을 시작하는 아이디어와 관련해서도 마찬가지입니다. 창업을 하는 경우 생각이 얕은 기업도 있는 반면에, 정말로 혁신적인 아이디어를 가지고 있는 기업도 있을 것입니다.

어느 경우이든 간에 사회라는 관점에서 바라본다면 기업의 이상적인 모습에는 '다양성'이 포함됩니다. 그러나 안타깝게도 지금 일본에서 등장하는 새로운 사업을 시작하는 아이디어나 자금 조달 관련 뉴스에서 소개되는 기업들은 '너무 비슷비슷해서 구별하기 힘들다'는 생각이 들지 않으십니까? 다양하다기보다는 오히려 비슷비슷한 수많은 회사가 등장하고 있습니다.

자금 조달에 '성공'한 것 자체는 대단할 수 있지만, 도쿄에서 운행하고 있는 택시 광고판에 등장하는 회사들이 대부분 엇비슷한 회사로 보이는 것도 사실입니다. '회사를 DX(디지털 혁신) 하겠습니다', '디지털 마케팅을 효율적으로 실시하겠습니다', '인사 평가를 효율적으로 실시하겠습니다'와 같은 문구들 말입니다.

저는 하루 만에 세 군데 회사의 '탤런트 매니지먼트'에 관한 서비스 광고를 본 적이 있는데, 솔직히 전혀 구별이 되지 않았습니다. 게다가 그 회사들 모두 절묘하게도 시시한 개그를 넣은 80년대 콩트 스타일 CF를 만들었습니다.

인류가 하는 일을 AI가 대체하게 될 것이므로, 앞으로는 사람만이 할 수 있는 고도의 일을 해야 한다는 주장을 종종 들을 수 있습니다. 그러나 최근에 상장한 기업의 '아이디어'는 어쩐지 AI가 제시할 것만 같은 콘셉트를 가진 회사들이 많다는 느낌이 듭니다.

"저희 회사는 사스(SaaS) 툴과 디지털 인재를 활용한 솔루션을 제공하는 디지털 혁신 지원 기업입니다."

이러한 기업 소개 문구는 정말이지 버즈워드를 학습한 AI가 만들어낼 법한 것입니다. 어디라고는 언급할 수 없지만 실제로 이와 비슷한 문구를 실제로 강조하고 있는 상장 기업들이 있습니다.

어디에선가 들어본 적 있는 것 같은 사업 내용에 애니메이션, 만화, 80년대 콩트의 영향을 받은 CF를 사용하는 것이야 그렇다 치더라도 조금은 차별화된, 보다 더 나은 것이 있지 않을까 하는 생각이 듭니다.

일본은 문학적인 자산이 풍부한 나라임에도 불구하고, 어째서인지 기성세대들은 스토리텔링을 하는 상상력이 풍부하지 못합니다. 출판사 관계자에게서 들은 이야기에 따르면 모든 연령층이 픽션을 읽는 여성들과 달리 남성들은 사회생활을 시작하는 순간, 픽션을 전혀 읽지 않는다고 합니다.

'미래를 어떻게 이야기할 것인가'라는 점이야말로 지금 전 세계 마케터가 착수해야 할 과제이며, 향후 마케팅과 관련된 중요한 테마라고 생각합니다. 마케팅 업계에서는 디지털화가 급선무라는 것만 강조합니다. 하지만 그와 동시에 마케터들이야말로 훌륭한 픽션을 읽어서 독특한 스토리를 만들 수 있는 '기술'도 익히면 좋을 것입니다.

KEYWORD & SUMMARY

■ 미래에 대한 약속

SNS가 널리 퍼지고 가치관이 다극화되고 있는 지금, 기업에게는 사상과 발언, 제조 프로세스를 포함한 모든 측면이 요구되고 있다. 그중에서 '기업이 소비자에게 안심할 수 있는 미래에 대해 어느 정도까지 약속하고 실행할 수 있을 것인가'라는 점이 중요해지기 시작했다.

■ 가치관의 다극화

연 수입, 취미, 생활 스타일, 직업과 같은 것이 다양해지고 있다. 소위 말하는 '평균적인 사람'은 사라지고, 개개인마다 서로 다른 가치관을 가지는 시대가 되었다.

■ SNS의 보급

트위터나 페이스북과 같은 SNS를 많은 사람이 이용하기 시작하면서, 소비 양상에도 큰 영향을 미치게 되었다. 소비자들이 기업이나 상품에 대해서 지인들에게 추천할 수 있는 이유를 '설명하는' 것이 중요해지고 있다.

■ 스토리텔링

지금 착수하고 있는 일이나 실천을 위한 구체적인 방안을 통해서 미래에 대해 기대하는 바를 이야기하는 '스토리텔링'이 중요해지고 있다. 공감할 수 있는 독특한 스토리를 만들 것이 요구된다. 물론 테크놀로지 기업들도 예외는 아니다.

■ 폭넓은 범주를 고려한 마케팅

지금까지는 소비자의 니즈를 만족시키는 것이 우선시되었다. 그러나 시장의 기반인 사회나 자연환경이 위험에 처한 지금, 마케터들은 '시장과 경제' 뿐만 아니라 환경과 사회적 포섭, 사람들의 정신 건강에까지 이르는 폭넓은 범주를 고려해야 한다.

제1장에서는 지금 마케팅이 어떤 위치에 있는지에 대해 살펴보았습니다. 이 장에서는 앞으로 마케팅을 고려하는 데 있어서 가장 중요한 Z세대의 상황과 인사이트에 대해 고찰할 것입니다. 실제로 Z세대는 세계 소비자 인구에서 점유하는 비율이 대단히 크며 타깃으로 설정되는 경우가 많지만, 그렇게 간단히 마음을 허락하는 세대는 아닌 듯합니다.

제 2 장

세계적인 소비자 인사이트를 읽어내다

세계 소비자의 40%가 Z세대이다

2020년 현시점에서 전 세계 소비자들 중 Z세대가 차지하는 비율이 40퍼센트라고 합니다.(※1)

중국이라면 대략 25퍼센트 정도일 것입니다. 실제로 중국인 중에서 3억 명 가량이 Z세대라고 합니다.

시장의 '파이'로 볼 때는 크게 느껴집니다. 그렇지만 지금 제가 파이라고 한 것은 실제로는 완전히 잘못 읽어낸 것입니다. 한 덩어리로 보면 클 수도 있지만, Z세대는 전혀 파이(덩어리)라고 할 수 없습니다.

Z세대를 한꺼번에 통틀어 '이 세대는 이렇다'라고 결론짓는 것은 대단히 위험합니다. 모든 세대가 그랬듯이, 이 세대에 속한 구성원들 역시 일원화시켜 묶을 수 없기 때문입니다. 그리고 '평균적인 Z세대 구성원' 역시 존재하지 않습니다.

마케팅 업계에는 '젊은 사람들에 대해 잘 알고 있다'라며 어필하는 사람들이 제법 있습니다. 그런데 어쩐지 수상한 냄새가 느껴지지 않으십니까. 애초에 젊은이들 전체의 목소리를 대변하거나, 그들을 한눈에 내려다보고 파악할 수 있는 어른은 아마 어디에도 없을 것이라고 생각합니다. 사실 자신에 대한 것도 스스로 파악하기가 힘든데 말입니다.

시인 사이하테 타히의 작품 제목처럼 '10대에게 공감하는 인간은 모두 거짓말쟁이'인 것입니다.(※2) 결국 마케팅 현장에서 인사이트를 이야기한다는 것은 '거짓말을 능수능란하게 할 수 있는가' 혹은 '어설픈 거짓말을 할 것인가' 둘 중 하나밖에 없지 않겠습니까.

저도 자주 Z세대의 인사이트에 대해서 이야기할 기회가 많기 때문에 주의를 기울이고 있습니다. 최근 래퍼 제이피 더 와비(JP THE WAVY)와 렉스(LEX)의 '퍼퓸(Perfume)'이라는 가볍고 즐거운 곡에 맞추어 틱톡 스타일로 춤을 추며 노래를 부르기도 하는데, 잘하지는 못합니다.(※3) 늘 그런 건 아니지만 젊은이들에 대해 가능한 한 '잘 알고 있다'고 말하지 않으려 노력합니다. 단지 '내가 보기에도 이런 재미있는 사람이나 콘텐츠가 있더라'라고 사실에 기반을 둔 내용이라면, 그 범주 안에서는 이야기해도 되지 않을까 하고 생각합니다.

또한 업무 현장에서는 팩트나 사례를 최소한으로 억제하면서 마지막에는 주관을 곁들인 가설로 인사이트를 전달하려고 합니다. 그렇지 않으면 책임을 지지 못하기 때문입니다. 결국 다른 세대에 대해 진정으로 성의를 갖추고 이야기하기 위해서는 먼저 객관적인 데이터를 충분히 수집해야 합니다. 그리고 자기 스스로 감각적으로 '좋다'고 느낄 수 있는, 세대를 초월한 문화를 접하면서 가능한 한 '실제적인 감각'

에 가깝게 상상하고 생각해 볼 수밖에 없습니다. '안다'고 표현하는 건 주제넘은 일이겠지만, '세대를 초월해서 좋아하는 것을 발견'하는 것은 가능할 것입니다.

결국 마케터가 '모든 것을 내려다보는' 것은 불가능하기 때문에, 특정 세대에서 화제가 되고 있는 것 중에서 '자신의 관점에서' 매력적인 사람이나 콘텐츠가 있는지 꾸준히 찾아보고 지속적으로 조사하는 것이 중요하다고 생각합니다. 그렇게 하지 않으면 연구 조사가 지속되지도 않습니다.

Z세대가 끌어안고 있는 정신 건강 문제

다른 세대에 대해 논하는 어려움에 대해서는 잘 알게 되셨을 것이라고 생각합니다. 다만 그중에서도 '이건 확실히 실제로 존재하는 이슈이다'라고 말할 수 있는 것도 있습니다.

그중 하나로 젊은 사람들의 '정신 건강 문제'가 있습니다. 코로나로 미래가 불투명해진 상황이고, 평소처럼 학교에 가서 친구들과 만날 수 없게 된 것, 정치가들의 행동이나 미디어에서 흘러나오는 이야기들을 신뢰할 수 없는 것, 과도하게 많은 사람들과 SNS로 연결되어 있지만 오히려 그 사이에서 고독을 느끼고 있는 것 등등 젊은이들이 정신적으로 타격을 받지 않는 것이 이상할 정도입니다.

실제로 미국 심리학회(APA)가 2020년에 수행한 조사에 따르면 18세에서 23세까지의 미국 젊은이들 중 약 70퍼센트가 2019년에 우울증 증상을 호소했고, 스트레스 수치는 6.1(성인 전체 평균은 5)에 달했습니다.(※4)

이러한 결과에 대해 학교에 갈 수 없는 것이나 장래에 대한 계획을 세울 수 없는 것이 원인이라는 분석이 있었습니다. 지금은 코로나의 영향 때문에 전 세계적으로도 정신 건강에 관한 케어 서비스나 연구 보고가 계속 이어지고 있습니다.

예전에는 셀러브리티들이 정신 건강에 관련된 이야기를 하는 것은 '금기사항'이었습니다. 그러나 지금은 오사카 나오미나 빌리 아일리시, BTS의 슈가도 정신 건강과 관련해서 이야기한 적이 있으며, 의류업계에서도 정신 건강을 테마로 한 '매드 해피'가 유행하기도 하고(※5), 정신 건강과 관련된 애플리케이션도 연이어 등장하고 있습니다.

'Z세대는 인구도 많을 뿐만 아니라 구매하는 힘도 있어 보이니 잔뜩 팔아치우자'라고 단순하게 생각해서는 안 됩니다. 조사에 따르면 Z세대도 대단히 어려운 상황에 처해 있으며, 도움을 필요로 한다는 것을 알 수 있습니다.

무거운 이야기의 연속이기는 하지만, Z세대의 구성원들이 처해져 있는 심리적인 상황에 대해 사례를 들어 이야기해 보겠습니다.

고독이 사회적인 문제가 되고 있다

정신 건강과 관련된 과제들 중에서도 고독이라는 문제가(세대와 국경을 초월해서) 화두로 떠오르고 있습니다.

영국에는 고독 문제를 담당하는 장관의 우편함이 있다는 이야기가 전해지면서, 일본 역시도 고독과 고립 대책을 담당하는 장관의 우편함을 설치했다는 이야기가 뉴스에 등장했습니다. 지구상에 위치한 모든 나라에서 고독은 팬데믹과 마찬가지로 엄청난 사회 문제가 되고 있습니다.(※6)

고령자의 고독 문제에 대해서는 여러분도 어느 정도 상상을 할 수 있을 것입니다. 그러나 SNS를 사용하고 있는 Z세대 역시 고독하다고 말하면 의문을 표현하는 분들도 계실 수 있습니다. 그렇지만 사실은 SNS를 사용하고 있기 때문에 젊은이들이 더더욱 고독을 느낀다는 역설이 발생하고 있습니다.

다시 말해, SNS에서 다른 사람들끼리 친밀한 모습을 보게 되면 보게 될수록, 그와 동시에 '나는 친밀하지 않다'는 것이 눈에 보이기 때문입니다. 자신의 친구가 누군가와 함께 개최한 파티 사진을 업로드했다고 가정해 봅시다. 그러면 자신은 그 자리에 초대받지 못했다는 것을 '깨닫게 됩니다'. 혹은 내가 보낸 카카오톡의 메시지는 계속 읽지 않음 상태로 내버려 두면서, 다른 단체 톡 방에서는 그 사람이 답장을 보내고 있는 모습을 '보게 됩니다'.

이것이 패러독스(역설)인 것입니다. 이어져 있기 때문에 오히려 이어져 있지 않은 부분도 과도하게 보게 되는 것입니다. 또한 몇 만 명이나 되는 팔로워가 있는 경우에는 고독하지 않을 수 있는가 하면 그렇지도 않습니다. 오히려 자신이 좋지 않은 상황에 처했을 때 '진정으로' 자신의 편이 되어 주는 사람이 몇 명이나 있을지 생각해 볼 때 '진정한 자신'의 모습에 대해서는 알지 못하는 몇 만 명이나 되는 팔로워가 있는 것이 오히려 고독함을 느끼게 만들어 괴로워하는 경우도 있을 수 있습니다.

2008년에 정보 사회 학자인 하마노 사토시는《아키텍처 생태학》이라는 저서에서 당시에 유행하고 있던 모바일 소설인 '연공'에 대해 언급했습니다. 하마노는 이 소설에서 휴대 전화의 착신음에 인간관계의 농밀한 기억이 드러나 있다는 점을 지적하면서, '검색 기록의 리얼리즘'이라는 새로운 문학의 개념을 제창했습니다.

지금은 정말로 SNS의 '검색 기록'이야말로 사람을 고독하게 만들며, 고통스럽게 하는 시대가 되었습니다.

무시당하는 것은 교통사고와 비슷한 정도의 '고통'

온라인 강연 TED에서도 유명한 가이 윈치라는 심리학자가 있습니다.(※7)(저서로는《NY의 인기 테라피스트가 알려주는 자기 스스로 마음을 치료하는 방법》(※8) 등이 있음) 그의 말에 따르면 인간은 원래 집단에서 거부당하는 것에서 대단한 '고통'을 느끼는 동물이라고 합니다.

인류는 수렵 채집인 시대 때부터 '밴드'라고 불리는 집단을 형성해서 생활을 영위했습니다. 사람 개개인은 힘이 약하기 때문에 무리에서 떨어져 나가면 생명이 위태로워집니다. 그러므로 집단에서 거부당한다는 것은 거의 '죽음'을 의미했으며, 인간에게 대단히 심각한 해를 입힐 수 있다고 합니다. 괴롭힘을 당한 경험이 있다면 잘 이해하시겠지만, 같은 반 학생들에게 거부당하는 것만큼 괴로운 일은 없습니다. 경우에 따라서는 무시당하는 것이 폭행을 당하는 것보다 더 괴로울 수도 있습니다.

다시 말해 'SNS상에서 무시당하는 것' 역시 무리에게서 소외된 사람과 마찬가지로 실제적인 '고통'을 느끼게 됩니다. 거부당했을 때 느끼는 고통은 실제로 교통사고를 당했을 때 느끼는 고통과 비슷할 정도라고까지 합니다.

그러므로 여러분은 앞으로 악의를 품고 누군가를 무시해서는 안 됩니다. 그러한 행동은 누군가를 때리는 것과 동일한 고통을 안겨주기 때문입니다. 물론 불편하고 마음에 들지 않는 상대는 '차단'해야만 할 수도 있습니다. 역시 이런 부분이 인간관계의 어려운 점이라고 할 수 있겠습니다,

덧붙여서 가이 윈치의 주장 중에서 사람들은 교통사고를 당해 부상을 입었을 때 '응급조치'를 하지만, 인간관계에서 '거부'당해서 상처를 받았을 때는 대부분 조치를 취하지 않았다는 것을 지적한 점이 흥미로웠습니다. 애초에 마음의 상처에 대한 '조치' 방법을 배우지 않았다는 것이 문제입니다. 마음의 고통도 조치를 하지 않고 내버려 두면 정신 건강을 크게 손상시킬 수 있습니다.

친구 목록을 정리할 용기가 있는가?

고독이라는 감정은 코로나 사태 이후 젊은이들이 '우정'을 어떻게 유지해 나가면 좋을지, 또는 새로운 친구를 찾으려면 어떻게 해야 하는지를 진지하게 고민하는 것과도 관련이 있을 것입니다.

스윈번 공과대학의 조사에 따르면 코로나 시기에 호주 인구의 54퍼센트, 영국 인구의 61퍼센트, 미국 인구의 66퍼센트에 달하는 소비자들이 고독함이 증가되었다고 느꼈습니다.(※9) 코로나의 영향으로 인

해 '약한 유대관계'에 있던 지인들과의 접점이 사라진 것이 그 이유로 지적됩니다.

사이가 정말 친한 벗에 해당하는 친구나 가족들의 경우라면 온라인상에서도 여러 방법을 통해 관계를 이어나갈 수 있겠지만, 물리적으로 같은 학교나 직장에 다니고 있어서 같은 장소에서 대화를 하거나 차를 마시는 정도의 약한 유대관계에 있는 지인들과의 관계는 코로나로 인해 완전히 중단된 것입니다.

친구들에게서 다른 친구를 소개받는 형태로 새로운 사람과 만날 기회도 완전히 사라지고 말았습니다. '약한 유대관계라고는 하지만, 원래 그다지 친하지 않았던 사람이라면 관계가 끊어져도 상관없지 않을까'라고 생각하시는 분이 계실 수도 있는데, 실제로는 그렇지 않습니다.

사회학자인 마크 그래노베터는 자신의 유명한 연구 논문 중에서 '직업을 변경하는 것'처럼 인생에서 유익한 정보는 친한 친구나 가족이 아니라 의외로 약한 유대관계에 있는 사람들에게서 얻게 되는 경우가 많다고 말했습니다.(※10)

정말 친한 사이는 아닐지 모르지만, 가끔 만나서 차를 마시는 정도인 지인들에게서 의외로 유익한 정보를 얻을 수 있다는 의미입니다. 세렌디피티야말로 실은 사람과 사회와의 중요한 접점이 된 것입니다.

친한 친구나 가족과만 교류를 한다면 '세계'는 넓힐 수 없습니다. 오히려 계속해서 동일한 가치관만 접하게 되기 때문에 타성에 젖어 들게 되고, 관계도 '부담스럽게' 변합니다.

새로운 일을 시작하고 싶은 경우에 '항상 똑같은 사람들'에게 상담한다면, 의외로 좋은 조언은 기대할 수가 없습니다. 약한 유대관계를 잃게 되면 '새로운 만남의 계기'가 사라지고, 고독감과 폐쇄감이 증가하게 됩니다.

인간관계도 PDCA를 적용하면 원활해질 수 있다?

그 점과 관련이 있기 때문인지, 코로나 사태 이후 유럽과 미국에서는 '친구란 무엇인가', 또는 '친구를 사귀는 법'에 관한 서적과 팟 캐스트가 선풍적인 인기를 끌고 있습니다.

서적 중에서도 특히 유명한 것으로 옥스퍼드 대학에서 진화심리학을 연구하고 있는 로빈 던바가 쓴, 제목도 무려 《친구들(Friends)》이라는 책이 있습니다.

이 책에서 던버는 친구 사이에도 다양한 카테고리가 있고, 우선순위가 있다는 점을 눈 딱 감고 솔직히 인정해도 된다고 말했습니다. 이 말이 무슨 의미일까요?

던버의 말에 따르면 코로나가 한창 기승을 부리고 있을 무렵에 SNS나 스마트폰으로 이어져 있는 방대한 '친구'들을 정리하려고 할 때, 어쩐지 죄책감을 느끼는 사람들이 많다고 합니다. 그러나 원래 인간은 가장 친한 친구를 동시에 다섯 명밖에 가질 수 없으며, 생활하고 있는 곳에 따라서 그 다섯 명은 계속 바뀌기 때문에 이참에 단호히 정리해도 된다고 말했습니다. 친한 친구들은 '당연히 바뀔 수 있다'고 받아들이자는 것입니다.

아무리 친하다고 생각한 친구라 할지라도 생활하는 환경이 달라짐에 따라 '우선순위'가 변하는 것은 자연스러운 일이며, 사람들은 지금까지도 많은 인간관계를 정리해 왔기 때문에 '정리' 그 자체를 지나치게 두려워하지 않아도 됩니다. 던버는 코로나 기간에 친한 친구들의 우선순위가 바뀌는 것은 일반적인 일이라고 말하는 것입니다.

코로나로 인해 약한 유대관계가 끊어지고, '친한 사람'의 우선순위도 바뀌어 버리는 경우가 생길 수 있습니다. 그건 정말 괴로운 일이지만 받아들이는 것 외엔 방법이 없을 것 같습니다.

친구에 대해 이야기하고 있자니 제가 문화 충격을 받았던 일이 생각났습니다. 바로 친구 관계를 '유지'하기 위한 애플리케이션까지 등장했다는 사실이었습니다. 'Call Your Friends'라는 이 애플리케이션은 지인들과 어느 정도의 거리를 유지하려면 어떤 빈도로 연락을 하면 좋을지 분석하고, 연락해야 할 타이밍을 푸시 알림으로 알려주는 기능을 가지고 있습니다.(※12)

애플리케이션을 다운로드하면 먼저 현재의 채팅 기록을 바탕으로 사용자가 누구와 가장 친밀한지 우선순위를 분석해 줍니다. 그중에서 예를 들어 사용자가 A라는 친구와 친구 관계를 유지하고 싶어 하면, 애플리케이션에서 A에게 연락해야 하는 타이밍과 메시지를 보낼 내용에 대해 조언해 주는 것입니다.

친구 관계에서 연락을 지나치게 많이 하면 상대방이 '부담스럽다'고 느끼기도 하고, 반대로 연락을 지나치게 게을리하면 '관계가 조금 소원해진 것 같다'고 느끼게 될 수도 있습니다. 그러므로 그렇게 되지 않도록 적절한 거리감과 타이밍을 파악하는 것을 도와주는 애플리케이션입니다.

이 애플리케이션은 온라인상의 분석을 통해 PDCA(Plan 계획, Do 실행, Check 평가, Act 조치)를 반복하면서 '우정을 유지 보수'합니다.

만나기 쉬운 시대이기 때문에 오히려 연애가 어렵다

고독이나 인간관계 과제 중에서, 젊은 사람들은 연애에 대해서도 매우 힘들어하고 있는 것 같습니다. '자유연애'가 당연해지고 만남 애플리케이션이 보급된 지금, 역설적이게도 연애 대상과 연애가 오래 지속되지 않아서 고민인 젊은 사람들이 증가하고 있다고 합니다. 다시 말해 만남 애플리케이션을 사용해서 누군가를 쉽게 만날 수 있게 되었기 때문에 어느 한 명에게 고착하지 못하는 역설이 발생하는 것입니다.

옛날이라면 학교나 직장, 생활하고 있는 지역과 같은 한정된 커뮤니티 내에서 만남이 이루어지는 것이 일반적이었습니다. 짝을 찾을 때에도 '뭐, 이 사람 정도면 괜찮겠지. 나쁜 사람은 아닌 것 같으니까.'처럼 많지 않은 선택지 중에서 적당히 타협을 하면서 배우자를 정했을 것입니다(그리고 주위의 시선도 고려해야만 했을 것입니다).

그러나 지금은 선택지가 과도하게 많고, 애써 누군가를 만났다 하더라도 상대방의 싫은 점이 조금이라도 눈에 들어오면 '더 좋은 사람이 있으니까'라고 생각하면서 금방 다음 사람을 찾게 되었습니다. 더 자유로우면 자유로울수록 자유롭지 못하게 되는 모순이 발생하는 것입니다.

예를 들어 미국 개그맨 아지즈 안사리의 히트작인 '마스터 오브 제로'라는 넷플릭스 오리지널 드라마가 있습니다. 2021년 현재 시즌 3까지 공개되었는데, 시즌 1은 아지즈 안사리다운 풍자와 비애를 담은 '만남의 어려움'을 테마로 한 코미디 드라마입니다. 주인공은 만남 애플리케이션을 통해 끊임없이 만남을 시도하지만, 약간 이상한 이성들만 만나게 되면서 주인공이 농락당하는 이야기가 전개됩니다.

아지즈 안사리는 이 작품을 통해서 '만남의 기회가 자유로워지면 자유로워질수록 자유롭지 못하게 된다'라는 역설을 그려내었습니다. 이것이 지금 사람과 사람의 관계성이나 고독에 대해 고민할 때 가장 중요한 질문이라고 생각합니다. 아지즈 안사리는 이 드라마와 관련해, 무려 사회학자와 협업을 해서 현대 연애의 어려움에 대해 기술한 서적까지 출판했습니다. '왜 남자들은 이렇게 쓰레기 같은 메시지를 보내는 것일까요'라고 한 번이라도 생각해 본 분이라면 그 책을 읽어 보시길 추천합니다. 심한 사례들이 많이 소개되어 있어서 실소가 나오지만 마냥 웃을 수만은 없는 이야기들이 언급되어 있습니다.(※13)

만남 애플리케이션을 통해 만남의 난이도가 낮아져서 연애를 자유롭게 할 수 있게 되었을 것입니다. 그런데 결과적으로 사용자들은 누구를 선택해야 좋을지 정하지 못하거나 오히려 자유롭지 못한 상태가 되어버렸습니다.

애초에 만남 애플리케이션 자체의 비즈니스 모델을 생각해 보면 사용자들이 오랜 기간 동안 사용하는 편이 '돈을 더 많이 벌 수 있다'는 로직이 성립하기 때문에, 계속해서 '질리지 않도록' 새로운 파트너 후보를 만나게 하려고 할 것입니다.

오직 한 명만 만나고 싶다고 생각했음에도 결국 방황하게 되고 마는 모순이 발생합니다. 그리고 사용자들이 방황하면 방황할수록 애플리케이션 개발자는 이익을 창출할 수 있는 구조입니다.

The 1975라는 영국 밴드의 곡 중에서, 한때 리얼리티쇼 '테라스 하우스'의 엔딩에도 사용되었던 '진실함은 언제나 두려운 것(Sincerity Is

Scary)'이라는 곡이 있습니다. 이 곡은 일단 연애 관계가 성립했다 하더라도, 헤어지고 나면 두 번 다시 만날 수 없게 되기 때문에 그 괴로움에 대해 '진심으로 진지하게 진실해지는 것이 두렵다'고 말합니다. 그리고 왜 헤어진 사람과는 친구로 돌아갈 수 없는 것인지에 대해서도 묻습니다.

옛날에는 연애에 대해서 '상대방이 진심이 아닐까 봐 두렵다'라고 생각했다면 지금은 '나 자신이 진심이 되어 버려서 거절당하는 것이 두렵다'라고 바뀌어 버렸습니다. 옛날 노래 가사를 '부담스럽다'고 느끼는 것도, 장문의 카카오톡을 보냈을 때 '기분 나쁘다'라는 말을 하는 이유도 뒤집어 보면 거절이 두렵다는 심리와 같을지도 모르겠습니다.

결국 현대 사회는 인간관계나 연애 관계를 정말 간단히 맺을 수 있지만 그렇기 때문에 간단히 '끊어낼 수도' 있게 되었습니다. 쉽게 보내기도 하는 한편 쉽게 거절하기도 하는 것입니다. 사람과 사람과의 관계에서 이렇게나 간단히 거절당하기도 하고, 무시당하기도 하고, 약속 당일에 갑자기 취소당하기도 하는 경험이 증가하고 있습니다. 이것은 가이 윈치가 '사람은 거절당하면 실제로 고통을 느낀다'라고 말한 상황이 더 많이 발생하는 것이기도 합니다.

이처럼 물질이 풍족하고, 통신 기술도 발달하고, 곧 5G 시대가 된다고 하는데도 사람들이 전혀 행복해지지 못하는 이유는 결국 인간관계 문제 자체가 그대로 남아 있으며, '거절'당하기 때문일 것입니다. 코로나 시대에는 실제로 사람을 만날 기회가 줄어들었기 때문에 만남 애플리케이션을 통해서 만남을 찾는 사람도 증가하고 있습니다. 더더욱 쉽게 '거절'당하는 아픔에 대한 케어도 잊어서는 안 되겠습니다.

잠수 이별을 당한 적이 있는가?

거절과 관련된 표현 중에서 '잠수 이별(Ghosting)'이라는 표현이 있습니다. 고스트(유령)라는 표현은 쭉 연락을 하던 상대가 갑자기 잠수를 타 버리는 상황을 가리킵니다.

'어제까지 사이좋게 카카오톡으로 연락을 했는데, 갑자기 이유 없이 읽지 않음 상태가 되더니 계속 답장이 없습니다', '만나기로 약속까지 했었는데 갑자기 답장이 오지 않았습니다' 여러분은 이와 같은 경험을 하신 적이 있습니까? 이처럼 꽤 최근까지 특별히 분위기가 나빴던 것도 아니었는데 갑자기 답장이 오지 않는 경우에 잠수 이별이라는 표현을 사용합니다.

잠수 이별을 당한 사람은 대단한 고통을 느낍니다. '왜 자신이 미움받게 된 것인지' 그 이유를 알 수 없기 때문에 잠수 이별을 당하면 '내가 이렇게 한 게 잘못이었을지도 몰라, 아니야, 저렇게 한 게 문제였을지도 몰라'라며 자책하는 상황에 빠지게 되고 맙니다. 불필요한 상처를 입는 것입니다.

한편, 잠수 이별을 하기로 선택한 사람은 '그냥 이유 없이'라거나 '조금 귀찮아져서요'라는 이유인 경우도 있습니다. 특히 잠수 이별을 하기로 선택한 사람은 그다지 깊이 생각하지 않는 경우가 대부분입니다. 악의가 있는 것까지는 아니지만, '약간 질려버려서'라는 가벼운 마음으로 너무나 간단하게 상대방을 '무시'하는 것입니다. 잠수 이별을 선택한 사람과 잠수 이별을 당하는 사람의 마음에 너무나 큰 차이가 있습니다. 지금 이 시대는 사소하게 보이는 일이라 하더라도 큰 스트레스로 이어질 수도 있는 시대인 것입니다.

이런 상황에서 어떻게 연인을 찾을 수 있는지, 자연스럽게 접근하는 방법을 '지도'하는 게임 애플리케이션도 등장했습니다. 예를 들어 다른 사람의 사진과 소개글을 읽고 데이트를 신청하는 소셜디스커버리 앱 틴더(Tinder)를 본떠서 Tender(흉내내다)라는 이름을 붙인 애플리케이션이 있습니다.(※15)

애플리케이션 자체는 틴더를 흉내 낸 '게임' 형태로 되어 있습니다. 실제로는 존재하지 않는 캐릭터와 '매칭'을 하고, AI 챗봇과 '대화'를 하면서 자연스럽게 데이트를 신청할 수 있는지 연습하는 시뮬레이션 게임입니다. 실전에서 실패하는 것이 두려운 사람들을 위해 만남 애플리케이션을 사용해서 만남으로 이어가는 상황을 게임으로 연습하는 것입니다.

모두 돈 때문에 고민하고 괴로워한다

사람들의 심신의 건강을 해치는 요인은 인간관계뿐만이 아닙니다. 금전과 관련된 문제도 무시할 수 없습니다. 코로나의 영향으로 일에 타격을 받아서 금전 문제로 괴로움을 겪는 사람들도 정말 많습니다. APA의 조사에 따르면 미국 사람들의 스트레스 원인 중 1위를 차지한 것이 직업이고, 2위는 금전 문제였습니다.(※16)

이러한 일련의 문제에 관해서 미국 정부 기관인 미국 소비자 금융보호국(CFPB)은 '파이낸셜 웰니스(Financial Wellness)'라고 하는 개념을 도입했습니다.

① 매일 또는 매월 재무 관리를 할 수 있다

② 경제적 충격을 흡수할 수 있는 능력이 있다

③ 경제적 목표를 달성하기 위해서 순조롭게 나아가고 있다

④ 인생을 즐기기 위한 선택을 할 자유가 있다

그 개념에서는 이 중 어느 하나를 상실하게 되면 정신적인 부담으로 이어진다고 했습니다.

미국에는 다양한 인플루언서가 있는데, 그중에 미세스 다우 존스(Mrs. Dow Jones)라고 하는 '파이낸셜 웰니스 인플루언서'가 있습니다. 다우 존스는 인스타그램에서 팔로워들에게 돈을 잘 다루는 법이라던가 자산 운용과 관련해서 계몽을 하고 있습니다. 다우 존스의 캐치프레이즈는 '금융은 멋지다(Finance Is Cool)'입니다.(※17)

의료 분야에서 생각해 보면 인간의 건강은 기본적으로 운동이나 식사, 수면과 관련이 있습니다. 그런데 최근에는 인간관계나 금전 문제도 건강에 크게 영향을 미친다는 사실을 지적하고 있습니다.

위스콘신 대학과 로버트 우드 존슨 파운데이션이 공동 연구한 내용에 따르면 유전자의 영향을 제외하고 사람이 병에 걸리는 원인 중에 사회경제적 요인이 40퍼센트를 차지하고 있으며, 이는 식습관의 불균형과 운동 부족보다도 높은 비율이라는 데이터가 있었습니다.

이 연구에서 식사나 운동 부족은 질병의 원인 중 30퍼센트 정도를 차지한다고 보고하고 있기 때문에, 인간관계나 금전적인 어려움이 신체 건강에 직접적으로 해를 끼친다는 것을 알 수 있습니다.

요컨대 '건강' 문제는 지극히 사회경제적인 문제에 해당합니다. 그

리고 그 점이 의미하는 바는 건강은 개인 문제이면서, 동시에 사회 문제이기도 하다는 것입니다. 수면이나 식습관의 경우에는 자기 스스로 해결할 수도 있겠지만, 사람과 사람의 관계성이나 금전 문제처럼 '자기 책임'만 가지고는 해결되지 않는 문제도 존재합니다. 특히 금전 문제는 정부나 기업이 해결해야 할 측면이 큰 영역입니다.

코로나바이러스로 인해 사망하는 사람이 있는 한편, 경제적인 고통을 호소하는 사람들도 있습니다. 이러한 현실이기 때문에 정부나 기업이 지금 경제 문제와 고독에 대해 어떤 공적인 지원을 할 수 있을지, 대단히 중요한 국면을 맞이할 것이라 생각합니다. 이는 건강과 사회 불안에 직결된 문제이기 때문에 더더욱 중요합니다.

'교차성'이라는 관점

사회와 개인의 건강과 관련해서 여기서 반드시 짚고 넘어가야 할 부분은, 이 문제는 사실 사회에 뿌리 깊이 박혀 있는 인종 차별 문제와 관련이 있다는 점입니다.

예를 들어 미국 내에서 정신 건강 문제로 심각한 어려움을 겪고 있는 사람의 비율은 백인보다 흑인이 더 높다고 합니다. '흑인의 생명도 중요하다(Black Lives Matter)' 운동은 흑인인 조지 플로이드가 경찰관에게 폭행을 당해 사망한 일을 발단으로 일어난 사회운동입니다. 이 운동을 통해서 법 제도 등 모든 곳에 차별이 '사회 시스템'으로 뿌리 깊이 박혀 있다는 점에 대해 의문을 제기했습니다.

차별은 사회 구조와 관련된 문제이며, 따라서 소수 사람의 의료나 교육에 대한 접근성, 고용, 거주 등 다양한 분야에서 불리한 상황이 강제되었다는 점이 화두에 올랐습니다. 실제로 이것은 뿌리 깊은 문제입니다.

건강 문제 역시도 개개인이 직접 해결해야 할 문제라고 생각하기 쉽지만, 깊이 파헤쳐 보면 사회 구조에 숨어 있는 차별 문제와 복잡하게 얽혀 있는 측면이 크다는 것을 알 수 있습니다.

이러한 복잡한 형태로 시스템에 억압된 사람들이 발생한다는 사실에 대해서, 흔히 '교차성(인터섹셔널리티)'이라는 단어를 사용합니다.

예를 들어 코로나에 감염되는 것은 누구나 '평등'하게 걸리는 것이라고 여길 수도 있습니다. 하지만 뚜껑을 열어보면 사람과 접촉하지 않으면 안 되는 일을 하고 있는 사람인지, 온라인이나 원격으로 업무를 하고 있는 사람인지 그 사람의 '직업'에 따라서 당연히 감염 위험이 달라집니다.

게다가 이 '직업'에 관련된 사람들의 '학력'이나 '급여', '인종'을 더 자세히 살펴보면 결과적으로 사회 구조가 보입니다. 사실 모든 것은 연계되어 있습니다. 개인의 건강 문제는 '사회 시스템'의 문제이기도 한 것입니다. 이러한 문제에 대해서 사람들은 정부나 행정을 통한 개선을 기대하지만, 그와 동시에 막대한 자본을 보유하고 있으며 사회적으로 막강한 영향력을 가지고 있는 기업들에도 지원과 행동을 취하기를 기대합니다.

요컨대 마케팅은 이 사회적인 불평등에 대해 무엇을 할 수 있을 것인가? 라는 질문이 제기된 것이나 마찬가지입니다.

이러한 문제에 대해 일본인의 입장에서 생각해 보면 '어느 정도 이해는 되지만, 이건 결국 미국에 해당하는 이야기가 아닌가'라며 자신과는 관계없는 일로 치부해 버리고 싶은 사람들이 있을 수 있습니다.

하지만 일본에도 올바르지 않은 시스템은 당연히 존재하며, 문제는 산더미처럼 쌓여 있습니다. 그리고 이미 전 세계는 경제적으로 연결되어 있는 상황이기도 합니다. 프로 테니스 선수인 오사카 나오미가 임신으로 인해 메이저 대회 출전을 사퇴한다고 밝혔을 때, 일본 기업들이 비난 이전에 오사카 나오미를 위해 해줄 수 있는 것이 없었을까? 하고 진지하게 생각해 볼 필요가 있습니다.

기업이 셀러브리티와 파트너십을 맺는 것이나, 큰 이벤트 행사에 협찬을 하는 이유는 무엇이겠습니까. 프로모션이나 선전 효과뿐만 아니라 사람들이 처한 입장에 얼마나 민감하게 반응할 수 있는지, 사람들의 건강이나 마음을 어떻게 지킬 수 있는지, 영향력 있는 '기업'으로 사회와 어떻게 마주하고 싶은지에 대한 대답이 요구되는 것입니다.

'인터넷 트롤링'과 '악성 댓글', SNS가 초래한 것

앞에서 제법 무거운 이야기를 다루었었는데, 이제부터는 더 무거운 이야기를 해야만 합니다. SNS의 어두운 면에 대해서 이야기할 것이기 때문입니다.

앞서 이야기한 정신 건강이나 고독 문제는 사실 SNS로 인한 폐해도 크다고 할 수 있습니다. 여기서는 Z세대의 인사이트를 파악하는 것에 더해, SNS가 정신 건강 문제와 어떻게 관련되어 있는지에 대해 생각해 보겠습니다.

트위터가 등장한 2007년부터 그 후로 약 10년 정도까지는 오픈 마인드에 자유로운 가치관을 가진 이용자들이 많았으며, 사회에 대한 긍정적인 의식이 높았던 시대가 있었습니다.

당시에는 트위터와 같은 플랫폼을 사용해서 사회 변혁을 일으키려는 논조가 주류를 이뤘습니다. 서머 오브 러브의 재래라고 일컬어졌던 토론이나, 이집트 혁명에 SNS가 중요한 역할을 했다는 고찰이 활발히 이루어졌습니다. 서머 오브 러브란 1968년에 발생한 미국의 히피 무브먼트를 가리킵니다.

월간지 〈WIRED〉 일본판 편집장 마쓰지마는 다음과 같이 회고합니다.

> '00년대 말에 세 번째 서머 오브 러브가 발생했다. 진원지는 첫 번째와 동일한 미국 서부 해안에서였지만, 정확히 말하면 두 번째 서머 오브 러브 이후로 본격적으로 출현한 온라인에서 발생했으며 클릭 한 번으로 전 세계로 불이 옮겨붙었다. 그것이야말로 소셜 네트워크였다. 트위터를 시작으로 하는 글로벌 소셜 플랫폼의 출현을 통해 사회는 순식간에 오픈되었다. 누구나 개별적으로 존중받으면서 자유롭게 누구와도 이어질 수 있게 되었다. 단단히 굳어져 있는 사회 계층이나 성별의 벽을 넘어서서 다양한 목소리가 타임라인을 가득 메웠다. 같은 취미, 같은 감성, 같은 번뜩이는 아이디어를 품은 동지를 발견하기가 어렵지 않았으며, 금세 현실에 스며들기 시작했다. 처음으로 엑스터시나 LSD나 마리화나를 접하면 주위를 살피는 것처럼, 다들 이 새로운 장소에서 어떻게 행동해야 하는지를 검색했

다. 그러나 그 저변에 있는 것은 오픈되어 있고 자율적인 인간관계 너머로 새로운 사회가 도래한다는 무방비하고도 확실한 현실감이자 신뢰이자 유포리아(희열)였다.'(※19)

스타트업 기업가도 당시에는 마치 록스타처럼 미디어에서 환영받았으며, '우리는 기존의 정치처럼 중요한 회의를 밀실에서 진행하지는 않을 것이다. 우리의 서비스는 투명성을 중시하며 국경을 넘어서 세계를 연결하고, 부정이 없는 사회를 실현할 것이다'라는 비전을 제시했습니다. 지금 생각해 보면 유치하게 보이기까지 하는 이러한 비전에 당시 많은 사람이 열광했습니다.

미국의 전 대통령인 버락 오바마는 SNS를 통해 유권자의 소리에 귀를 기울여 각광을 받았던 최초의 미국 대통령이었습니다. 오바마 직속의 '진실팀(Truth Team)'이라는 조직이 유권자의 의견을 분석해서 선거 전략 입안을 서포트했습니다.

그러나 그로부터 10년 이상이 지나면서 SNS가 널리 보급되자 상황이 달라지기 시작했습니다. '말만 번지르르하고 자신을 과대포장'하는 사람들이나 '울분이 쌓여서 험한 말로 상대에 대해 떠들어대는 사람'들도 SNS를 하기 시작한 것입니다.

지금의 트위터나 네이버 뉴스 댓글난에는 이와 같은 '인터넷 트롤링'이 넘쳐나게 되었습니다.

현대 사회는 SNS를 통해서 만나지 말아야 할 사람들을 쉽게 만나게 된 것입니다. 저 역시도 광고 회사에서 일하던 때인 2009년부터 2014년 즈음까지는 트위터를 사용해서 활발하게 마케팅을 했습니다.

기업들도 그들의 태도 자체가 잘못되지 않았다는 전제하에, '브랜드와 팬 사이에 지금까지와는 전혀 다른 친밀한 관계를 구축해야 하는 것이 아닌가?'라고 생각하기 시작했으며, 그 가능성을 실현하기 위해 다양한 방법을 제시했습니다. 이를 다룬 서적이 출판되기까지 했을 정도였습니다.

광고 모델, 가짜 뉴스, 광고 사기

그러나 지금 생각해 보면 SNS는 큰 문제를 내포하고 있었습니다. 즉 SNS가 애초에 광고 모델 이외의 현금화(monetize) 수단을 떠올리지 못했다는 점이라고 생각합니다.

'팔로워는 많은 편이 좋다'라고 생각하는 사용자들의 인정받고 싶어 하는 욕망과, 광고는 많이 노출되는 편이 좋다고 생각하는 비즈니스적인 생각이 하나로 합쳐지면서 SNS는 마음이 편안해지는 장소에서 울분과 욕설, 자만과 혐오, 괴롭힘으로 가득 찬 거대한 매체로 급속히 탈바꿈했습니다.

이용자의 입장에서 보면 가까운 지인과 즐겁게 수다를 떨기 위해 가입했으나, SNS 기업 측에서는 비즈니스적으로 광고가 표시되는 수를 늘리기 위해 지인도 아닌 사람의 계정을 타임라인에 띄우고, '이 사람도 좋아요!를 눌렀다'는 점을 보여준다거나, '이 사람도 팔로잉을 해 보는 게 어떻겠습니까'라는 추천 문구를 집요하게 표시하곤 합니다.

그다음으로는 팔로워가 많아진 계정 주인이 '팔로워를 더 늘려봐야지'라는 생각을 하면서 업로드하는 글의 내용에 신경을 쓰기 시작하게 되는 경우를 생각해 볼 수 있습니다. 팔로워가 점점 더 많아지면 실제로는 만날 일조차 없는 사람들까지도 연결되게 되며, 생각지도 못한 곳에서 '트롤링'을 당하게 되기도 합니다.

140자의 글자 수 제한이 있기 때문에 복잡한 문맥까지 전달하기가 어려워서 오해를 일으키기도 쉽습니다. '광고라고 표시만 한다면 광고비를 벌 수 있다'라는 발상은 곧이어 가짜 뉴스 문제나 애드 프로드(광고 사기) 문제로 이어집니다.

표현의 자유를 빌미로 증오를 선동하는 발언조차도 제멋대로 하게 놔두는 형국입니다. '표현의 자유'와 '발언 규제'는 복잡한 관계이지만, '광고 모델'을 하고 있는 이상 '계속 발언을 해줬으면 좋겠다'는 SNS 측의 속내도 있기 때문에 사태는 수습이 안 될 정도가 되어버렸습니다.

지금은 약간의 규제가 가해졌고, 일부는 대책도 세워졌지만 기본적으로는 문제가 되는 발언들이 아직도 방치되고 있습니다. 1차 정보를 잘 모르면서 마치 알고 있는 것처럼 말하는 사람들이나, '악성 댓글'로 '메뚜기 무리'처럼 몰려드는 사람들이 집단으로 린치를 가하고 있습니다. SNS를 통해서 인플루언서가 되면 '좋아하는 걸 하면서 살 수 있다'고 생각했을지 모르지만, 광고주의 의뢰에 맞춰 일을 해야 하고 때로는 무리를 해야 하기 때문에 반대로 '좋아하는 일'을 할 수 없게 되는 경우도 많이 있습니다. 인플루언서라는 직업은 편한 일이 아닙니다.

온갖 '자유로운 곳'은 더는 자유롭지 않게 되었고, 규제가 가해지고 있습니다. 서머 오브 러브에는 반드시 끝이 오며, 숙취로 고생하는 다음 날처럼 두통이나 구토를 느끼는 날이 오는 것입니다. 경우에 따라서는 심각하게 상처를 입는 사람도 발생합니다. 리얼리티 쇼에 나와서 집단으로 구타를 하는데 견딜 수 있는 사람이 얼마나 있겠습니까. 혐오나 차별을 담은 말이 오가는 장소에 계속 있으면 정신이 병들지 않는 것이 이상할 지경입니다.

물론 마케터 역시 이러한 현실을 직시해야만 합니다. 실제로 '흑인의 생명도 중요하다' 운동이 일어났을 때, 대다수 기업은 페이스북이 차별적인 발언을 한 사람들의 게시물을 삭제하지 않았기 때문에 페이스북 광고 게재를 중단하는 조치를 취했습니다. 앞으로 마케터들은 어떤 콘텐츠에 자신들의 메시지를 전달하는지 더욱 민감하게 파악해야만 합니다.

셀프케어는 생활상의 의식이며 문화의 하나이다

지금까지 젊은이들의 정신 건강에 관한 이야기와 고독함에 대한 문제, SNS의 폐해에 대해 이야기했습니다. 이러한 상황이기 때문에, 당연하게도 '정신 건강 케어'나 '셀프케어'에 대한 관심이 높아지고 있습니다.

젊은이들에게 몸과 마음을 관리하거나 인간관계를 개선해서 셀프케어하는 것은 생활 속의 '의식'이 되고 있으며, 이미 하나의 문화가 되었다고 해도 좋을 것입니다.

예전에는 정신 건강에 대해 공공연히 말하는 것을 '금기시'했습니다. 그러나 지금은 사회적으로도 이를 대단히 중요한 것으로 여기게 되었고, 더는 금기시하지 않습니다. 정신 건강에 관한 문화 잡지 〈Anxy〉도 있을 정도이기 때문입니다. 이 잡지를 보면 기존의 금기시하던 느낌이 아니라, 이야기를 나누기 쉽도록 여러 아이디어를 적용해서 디자인했다는 생각이 듭니다.(※21) 일본에서도 《우울증 탈출》(다나카 게이이치 그림)과 같이 정신 건강을 다룬 만화 작품이 연이어 인기를 끌고 있습니다.(※22)

덧붙여 정신 건강 셀프케어 방법에 대해 이야기해 보겠습니다. 최근 '거트 브레인 액시스(Gut-brain axis, 장-뇌 축)'라는 표현을 자주 접할 수 있습니다. 뇌와 장의 관계 그리고 장과 정신 건강의 관계가 점차 명확해지고 있습니다. 먹는 것을 통해 정신 건강을 개선하는 접근 방법입니다.(※23)

2018년은 일본에서 '장 활성화가 강조되기 시작한 첫해'인데, 유산균이 면역력과 정신 건강에 관련이 있다는 견해가 대중에게도 퍼져나가기 시작했으며, 가게에도 유산균과 관련된 제품들이 여럿 진열되기 시작했습니다. 테이진이나 모리나가처럼 '유산균 붐을 일으키고 싶은' 기업들이 연합해서 입소문을 내기 시작한 것 같습니다.(※24)

저는 과학 전문가가 아니기 때문에 메커니즘에 대해서는 연구자나 전문가에게 해설을 부탁하는 편인데, 세로토닌과 같은 중요한 호르몬이 장내에서 만들어져야만 비로소 유산균이 중요한 역할을 수행할 수 있다고 합니다.

다시 말해 인류가 자신의 '기분'이나 '감정'을 스스로 '머리'로 생각하고 제어하고 있는 것처럼 보이지만 사실은 '장 컨디션', 또는 인간이 아니라 미생물인 '유산균'에게 제어되고 있을 가능성도 있는 것입니다. 항상 짜증에 가득 차 있는 사람의 경우, 어쩌면 뱃속 컨디션이 좋지 않은 것 때문에 그러는 것일지도 모릅니다.

'마음은 어디에 있는 것인가?'라는 질문은 오랫동안 철학에서 토론해 온 질문입니다. 그런데 어쩌면 '유산균과 장의 관계성이야말로 마음이었던 것이다'라는 결론이 될지도 모릅니다. 물론 어디까지나 제 상상에서 나온 생각입니다만 만약 정말 현실이 그러하다면, '근대적인 자아'라는 말을 만들어낸 사람은 너무 겉멋에 치중하지 않았나 싶은 생각도 듭니다.

일본에서는 KINS라는 스타트업 기업에서 유산균 보조제를 개개인에게 맞춰서 제작하는 서비스를 시작했습니다. 자신에게 맞는 유산균을 섭취하는 것이 향후 건강을 지키는 방법으로 중요하게 대두될 수도 있겠습니다.

'출근하고 싶지 않다'면 번아웃일 수 있다

조금 전까지 정신 건강 문제에 대해서 이야기했는데, 요즘 가장 화제가 되고 있는 것은 정신 건강 중에서도 '그레이존'에 있는 사람들입니다. 그레이존이란 다시 말해 '의사에게 보일 정도로 심각한 정도는 아닌' 상황이지만, 그렇다고 '건강한 상태도 아닌' 상태를 의미합니다. 극도로 우울해지면 당장 정신과에 가는 것이 좋겠지만 '솔직히 그럴 정도는 아닌' 사람도 꽤 많을 것입니다.

'오늘은 도저히 회사에 출근하고 싶지 않다'라거나, '일요일 밤이 되면 우울해져서 괴롭다'라고 느끼거나, '이 자료를 만드는 데 의미가 있을까'라는 생각이 들지 모릅니다. 우울증에 걸린 것이냐고 묻는다면 아마도 그것은 아니겠지만, 상당히 괴로운 시기를 겪고 있을 수도 있습니다. 이것이 바로 '그레이존'입니다. 지금 전 세계적으로 이 '그레이존에 있는 상태'를 어떻게든 해결하려고 하는 움직임이 시작되고 있습니다. 키워드는 '번아웃(탈진 증후군)'입니다.

번아웃은 명확한 우울증과는 달리 의사의 입장에서 질병이라고 진단할 수 있는 것은 아닙니다. 그렇지만 '업무에 대해 보람을 느끼지 못한다'는 상태, '자신의 업무 내용이 무엇에 도움이 되는지 모르겠다'는 상태 등등, 자기 자신은 괴로움을 느끼고 있는 상태를 가리킵니다. 어쩌면 일본의 직장인들 대부분이 번아웃을 겪고 있는 듯한 느낌이 들기도 합니다.

사실 이 번아웃 증후군은 세계적인 문제이며, 해외에서도 뜨거운 화두로 다루어지고 있습니다. 2019년에 WHO에서는 정식으로 '번아웃 증후군'이 있음을 명기했습니다. 질병은 아니지만, 그러한 증상이 있다는 것을 인정한 것입니다. WHO에 따르면 '번아웃 증후군은 질병이나 건강 상태로는 분류되지 않습니다'라고 명기되어 있으며, 다음과 같이 정의합니다.

번아웃 증후군은 잘 관리되지 않은 만성적인 직장 스트레스에 기인한 증후군이다. 번아웃 증후군은 다음의 세 가지 측면의 특징으로 구별할 수 있다.

① 에너지 고갈과 피로감

② 업무에 대한 정신적인 거부감 증가, 또는 업무에 대한 부정적이고 냉소적인 감정

③ 전문적인 일을 하고 있다는 데 대한 자긍심의 저하'(※26)

분명 많은 사람이 이 정의에 해당할 것이라 생각합니다. 이 번아웃 증후군을 겪고 있는 사람들에 대해 전 세계적으로 해결 방안들이 제시되고 있으며, 번아웃을 겪은 사람들을 위한 서비스도 '의료에 가까운 영역'에서 많이 생겨나고 있습니다.

예를 들어 미국에서 2021년 1월에 서비스를 시작한 원격 의료 서비스 PACE는 마음 건강의 '그레이존'에 있는 상담자, 다시 말해 정신 질환이라고 진단받지는 않았지만 번아웃 증후군이나 침울해진 기분, 스트레스 등으로 고민하고 있는 사람들을 대상으로 버추얼 그룹 테라피를 제공하고 있습니다.

이 서비스에서는 공통 관심사나 아이덴티티를 가지고 있는 여덟 명에서 열 명 정도의 사람들을 온라인에서 모은 다음, 일주일에 한 번 라이브 비디오 세션으로 감정이나 고민을 공유합니다.(※27)

그 밖에도 기분이 몹시 우울해지게 만드는 미디어 기사를 접하지 않도록 유해한 뉴스나 부정적인 에코 체임버(비슷한 성향의 사람과 소통한 결과 다른 사람의 정보와 견해는 불신하고 본인 이야기만 증폭돼 진실인 것처럼 느껴지는 정보 환경)에서 상담자를 지키기 위한 애플리케이션도 있습니다.

2019년 4월에 출시된 Gem은 알고리즘에 선정적인 기사를 표시하지 못하게 했으며, 의미가 있는 기사만 표시하는 뉴스 큐레이션 애플리케이션입니다.(※28)

마이크로소프트 역시 명상 애플리케이션으로 유명한 헤드스페이스와 컬래버레이션을 하고, 메신저 서비스 MS 팀즈(Teams) 이용자들을 대상으로 '이제 휴식을 취하시기를 추천합니다'라거나, '명상을 도와주는' 기능을 구현하려 하고 있습니다.(※29)

영적인 부분이 셀프케어의 핵심이다

앞에서 번아웃을 겪은 젊은이들의 상태에 대해서 살펴보았습니다. 그런데 의학 분야와는 전혀 다른 분야에서 새로운 '셀프케어' 방법이 등장했다는 것을 알고 계십니까. 사실 열과 성을 다해 셀프케어를 하는 젊은이들 사이에서는 영적인 분야의 셀프케어에 대한 관심도 증가하고 있습니다.

온화하고 건강한 생활을 추구해 나가기 위해 식사나 수면과 같은 과학적인 '건강법'을 실천하는 것에서 더 나아가 초월적인 존재에게 '삶의 의미'를 찾기도 하고, 매일 '기도하는 것'이 정신 건강에 좋은 영향을 미친다는 것을 깨닫고 실천한다는 전개를 상상하기란 어렵지 않을 것입니다.

'네거티브 케이퍼빌리티'라는 표현이 있습니다.(※30) 이 표현은 친한 친구의 갑작스러운 사망이나 자연재해처럼 뭐라 말할 수 없이 당혹스러운 상황에 놓였을 때, 그러한 상황을 어떻게 '견뎌낼' 것인지 그리고 그렇게 견뎌내는 인내력을 가리키는 표현입니다. 예를 들어 친한 친구가 교통사고를 당해서 어느 날 갑자기 사망했다고 합시다.

과학적인 설명이라면 '운전수의 부주의로 자동차가 시속 100킬로미터로 충돌했기 때문에 친구가 사망에 이르렀다'고 표현할 것입니다. 하지만 '왜 그가 그때 그렇게 죽어야만 했는가'라는 여러분의 질문에 그러한 과학적인 대답만으로는 납득할 수 없을 것입니다.

사실 그 질문에는 아무도 대답해 줄 수 없습니다. 그렇지만 여러분은 그 질문을 하지 않을 수 없습니다. 사람들은 그런 말도 안 되는 상황에 견디기 힘들어합니다. 이런 때에 과학적인 인과관계를 가지고 설명하는 것은 아무 도움도 되지 않습니다. 이런 고통스러운 상황에 견디는 능력이 바로 '네거티브 케이퍼빌리티'입니다.

팬데믹 상황에 놓인 지금, 현실 세계가 '말이 안 되면 안 될수록' 네거티브 케이퍼빌리티가 더욱 필요합니다. 바이러스가 확산되고 있는 것은 이해할 수 있습니다. 그렇긴 하지만 왜 장례식도 온라인상에서 해야만 하는 것입니까? 왜 학교에서 친구들과 만날 수 없는 것입니까? 지금 우리는 바로 이 '네거티브 케이퍼빌리티' 능력이 필요합니다.

생활 스타일과 관련된 영적인 부분

마음 건강을 유지하기 위해서는 과학이나 정치, 경제적인 단어나 설명만 가지고는 충분하지 않습니다. 말이 안 되는 상황에 놓였을 때, 사람들에게는 조용하게 기도하는 시간이나 초월적인 관점에서 현실을 설명해 줄 '이야기'가 필요합니다. 다시 말해 영적인 표현이나 초월적인 관점에서 해석하면 구심력이 발생합니다. 저도 셀프케어를 위한 명상을 할 때가 있는데, 문득 '그 선배의 병이 나았으면 좋겠다'와 같은 '기도'에 가까운 생각을 하고 있으면 어쩐지 저 스스로 편안해지는 순간이 있었기 때문에 기도하는 시간이 얼마나 정신 건강에 중요한지를 실감할 수 있었습니다.

영적인 부분이라고 하면 보통 사후 세계라던가 수상한 이야기를 하며 장사를 하려는 것과 쉽게 연관 짓게 되지만, 이 내용에서 이야기하는 영적인 것이란 보다 넓은 생활 스타일과 관계된 지혜를 가리킵니다. 실제로 영적인 것을 지혜롭게 활용하는 사람들도 많이 있습니다.

코로나 시대에, 영적인 것은 호불호에 관계없이 셀프케어의 핵심이 되고 있습니다.

실제로 통계적으로도 재미있는 경향을 발견할 수 있습니다. 예를 들어 NHK에서 한자리에 촬영 장비를 두고 통행자들을 계속해서 조사한 데이터 중에 '현대 일본인 의식 구조'라는 내용이 있습니다. 이 조사에서는 전쟁 후의 경향에서 '종교심은 사라져가고 있지만, 영적인 것에 대한 관심은 증가하고 있다'라는 내용을 발견할 수 있습니다.

이것은 사람들이 생활 속에서 실감하는 부분에서도 쉽게 파악할 수 있는 경향입니다. 장례식이나 성묘를 갈 때가 아니면 보통은 절에 잘 가지 않지만, 사업 운이 신경 쓰여서 점을 보거나 여행지에 간 김에 신사에 들려서 참배를 하거나 부적을 사기도 합니다. 그것도 광범위한 의미에서 영적인 것에 포함된다고 한다면, 수요가 더욱 높아지고 있는 것입니다.

영적인 것과 테크놀로지가 융합하면 무엇이 탄생하는가

한편 유럽과 미국, 중국에서도 이러한 영적인 붐이 일어나서, 젊은 사람들에게 많은 지지를 받고 있습니다. 재미있는 것은 기존의 점성술과 같은 방식에 IT나 과학에 관한 식견이 융합된 새로운 서비스가 탄생해서 인기를 끌고 있습니다.

예를 들어 점성술 애플리케이션인 'Co-Star'는 애플리케이션에 생일과 태어난 시각, 장소를 입력하면 NASA에서 공개한 위성 궤도 데이터를 읽어 들인 다음, 실시간으로 사용자의 '운세'가 시시각각 변하는 상태를 알려주는 서비스를 제공합니다. 고도의 과학 기술과 영적인 것

이 융합된 것입니다.(※31)

또한 잡지 〈WIRED〉에서는 현대를 살아가는 '마녀'에 관해서 존경을 담아 소개합니다.(※32) 기사에 따르면 미국 서부 해안에서 현대의 마녀 활동을 하고 있는 사람들은 최신 기술 VR(가상현실)이나 AR(증강현실)을 사용해서 힐링을 하기도 한다고 합니다. 원래 VR 기술은 서부 해안의 히피들이나 서브컬처를 이끄는 사람들이 구상한 기술이었다는 점을 생각해 보면, 크게 한 바퀴 돌아서 현대를 살아가는 마녀들이 서부 해안에서 VR을 사용해 의식을 행하는 것도 당연할 것입니다.

또한 점성술이라고 하면 'Struck'이라고 하는 점성술을 사용한 만남 애플리케이션도 있을 정도입니다.(※33) 이 애플리케이션은 '점성술을 통해서 상성이 좋은 사람'과 만날 수 있게 해준다고 하는 애플리케이션입니다.

기존의 만남 애플리케이션은 상대의 얼굴 사진이나 취미, 직업을 바탕으로 만남을 매칭하는 형태였지만, 전에 이야기한 것처럼 만남이 너무 많아서 누구로 정해야 할지 결정하지 못하는 문제가 발생했습니다. 그런데 이 애플리케이션은 '운명(=이 사람밖에 없다!)'을 디자인하고 있다는 것이 특징입니다. 이미 우리들은 스펙을 너무나 많이 알게 된 탓에 스펙만으로는 상대를 결정할 수 없는 지경에 이르렀습니다.

결국은 타이밍이나 운이 '결단'을 촉구하게 되는데, 이 애플리케이션은 점성술이라는 '타이밍과 운'을 서비스에 포함시켜서 '드디어 당신을 만나게 되었습니다!'라는 느낌이 들게 하는 것입니다. 이러한 의미에서는 '결정하지 못한다'고 하는 사람들을 위한 흥미로운 서비스라고 할 수 있겠습니다. 확실히 점성술적으로 상성이 좋은 사람이라고 들은 다음에 만나게 되면 데이트를 할 때도 예의 바르게 행동하려고 할지도 모르겠습니다.

기존의 종교들도 새로운 변혁을 시작하고 있다

이러한 영적인 붐이 일어난 상황에서 기존의 종교 조직들도 다양한 '변혁'을 통해 젊은 사람들을 새롭게 끌어들이려 하고 있습니다. 넷플릭스에서도 방영된 영화 '두 교황'은 가톨릭교회에서 이러한 영화를 제작하기도 한다는 놀라움과 신선함을 느끼게 했습니다. 전통 있는 종교들도 새로운 형태를 모색하고 있다는 의미라고 생각합니다.(※34)

비영리 조사 단체인 퓨(Pew) 리서치 센터의 2019년 조사(즉 코로나 사태 이전)에 따르면 미국에서는 일반적으로 '나는 무신론자이고 불가지론자이다' 혹은 '종교 활동은 딱히 하지 않는다'라고 대답한 사람이 2009년 17퍼센트에서 26퍼센트로 증가했습니다.(※35)

그러나 2020년 코로나 이후에 해당 단체가 한 조사에 따르면 미국 성인들의 24퍼센트가 팬데믹 영향으로 신앙심이 강해졌다고 응답했으며, 반대로 신앙심이 약해졌다고 대답한 사람은 불과 2퍼센트에 지나지 않았습니다. 또한 미국인 열 명중 아홉 명은 어떤 숭고한 힘을 믿고 있다고 응답했습니다.(※36) 다시 말해, 종교에 대한 관심이 증가한 것입니다.

해당 리포트에 따르면 이러한 증가 경향은 흑인, 여성, 고령자 사이에서 더 두드러지게 나타났으며 코로나바이러스가 이러한 계층에게 미친 영향이 크다는 점을 반영하고 있을 가능성이 있다고 했습니다.

실제로 영국의 기독교 계열 온라인 서점인 '에덴'에서는 4월에 성서 판매율이 55퍼센트 증가했다고 합니다. 이것은 기독교에서만 나타나는 경향이 아닙니다. 구글 플레이의 코란 애플리케이션을 전 세계에서 다운로드한 수가 2월에서 3월에 걸쳐 두 배로 증가했다는 데이터도 있습니다.(※37) 일본에서도 승려 유튜버로 유명한 '다이구 겐쇼'의 채널 구독자 수가 40만 명이나 되어, 그 인기를 실감할 수 있습니다.(※38) 이처럼 새로운 형태의 커뮤니케이션을 취하는 전통적인 종교 단체들도 증가하고 있습니다.

종교 조직들이 디지털을 활용하는 경우도 활발해졌습니다. 특히 인터넷을 통한 라이브 스트리밍이 활발히 이루어지고 있습니다. 기독교 단체인 티어펀드(Tearfund)의 조사에 따르면 영국 성인들의 4분의 1이 록다운 기간 동안에 종교적인 온라인 서비스를 보고 들은 적이 있다고 합니다.(※39)

또한 영국에는 '알파코스'라는 이름의 프로그램이 있는데, 이 프로그램에서는 기독교적인 관점에서 인생의 의미를 생각합니다. 이 프로그램은 2020년 봄에 프로그램을 줌으로 변경한 이래로 프로그램 등록자 수가 세 배로 증가했다고 합니다.(※40)

이 보고에 따르면 사람들은 전통적인 종교가 가지고 있는 커뮤니티의 가치를 인정하고 있습니다. 확실히 코로나의 영향으로 학교나 회사에 가지 못하게 되면서 고독을 느끼는 경우라면, 종교가 커뮤니티로서 고독감을 완화시켜 줄 수 있습니다.

최근 구글 검색 트렌드에 따르면, 브라질, 멕시코, 미국에서는 부활절 일요일에 행해진 종교 관련 라이브 스트리밍이 각 나라의 인기 라이브 스트리밍 트래픽 수 탑 100 중에서 30퍼센트 이상을 차지했다고 했습니다. 또한 구글은 사회적 거리 두기가 시작된 이래로 이러한 나라들에서 종교 행사가 일요일의 최대 라이브 스트림 이벤트 중 하나가 되었다고 보고했습니다.(※41)

제가 흥미롭게 느낀 것은 이슬람교 '게임'까지 등장했다는 점입니다. 2020년 7월에 독일 디벨로퍼 비지텍(Bigitec)에서 2019년에 발매한 교육 엔터테인먼트 애플리케이션 '무슬림 3D(베타 버전)'가 있습니다. 이 회사는 2020년에 해당 애플리케이션을 업데이트할 때 3D 아바타를 사용한 메카 메타버스를 만들었습니다. 이 애플리케이션에서는 그랜드 모스크와 같은 건물들을 아바타로 순회할 수 있게 했습니다. 해당 애플리케이션은 이슬람교도를 중심으로 50만 다운로드를 기록했다고 합니다.

특히 재미있다고 느낀 것은 이 게임의 내용이 이슬람교에 대한 존중심이 있으며, 매우 기품 넘치는 세계관이었다는 점입니다. 게임이라고 하면 보통 '황야 행동'처럼 살육과 상대방을 대적하는 종류가 많은데, 이 게임의 경우에는 지적인 인트로덕션에 충실하며, 이슬람교의 문화적인 장엄함을 멋지게 표현했습니다. 이 애플리케이션이 대단하다고 생각하는 이유는 이슬람교에 대해 그다지 접해본 적이 없는 사람도 이슬람교의 풍요로움과 지혜를 느낄 수 있게 했기 때문입니다. 원격으로 접속할 수 있기 때문에 현지 순례를 할 수 없는 사람들에게도 기회를 제공하며, 자유롭게 배울 수 있는 장소가 되었습니다.

젊은 사람들을 위한 커뮤니케이션 분야에서 제가 주목하는 것은 기독교 스타트업 회사인 알라바스터(Alabaster)입니다.(※42) 이 신흥 기업은 매우 신선한 시각으로 성서의 편집 디자인을 만들고 있습니다.

이 회사는 '인스타에 업로드하기 좋은 성서(instagrammable bible)'를 만들 것이라고 선언해, 젊은 사람들이 신선하게 느낄 수 있는 활동을 하고 있습니다. 마치 〈킨포크(KINFOLK)〉와 같은 보기 좋은 문화 잡지처럼 기품 있는 사진이나 심플하면서 격조 있는 폰트로 구성된 성서의 레이아웃을 보면 똑같은 성서를 읽어도 새로운 것을 발견할 수 있을 것만 같습니다.

지금까지 정신 케어 측면에서 과학이나 영적인 세계에서 발생하는 다양한 현상과 사례를 살펴보았습니다. 그야말로 셀프케어 또는 고독을 치유하기 위해서 식생활에서부터 종교나 영적인 것에 이르기까지 전반적으로 '치유'가 필요한 상황이라고 생각합니다.

약함이란 강함, 강함이란 약함

제2장에서는 Z세대의 인사이트와 관련해서 정신 건강 문제를 중심으로 깊이 있게 고찰해 보았습니다. 영적인 부분이나 종교적인 이야기까지 등장해서 고찰이 지나치게 깊어졌다는 생각이 들기도 합니다. 고독과 단절이 현재 젊은이들의 정신 건강에 얼마나 영향을 미치고 있는지에 대해서 잘 이해하셨을 것이라 생각합니다.

과격한 이야기일지도 모르겠지만 저는 모든 브랜드는 앞으로 '정신 건강' 문제를 마주해야만 한다고 생각합니다. 과연 누가 괴롭히는 상사 문제가 있는 회사의 제품을 사고 싶어 하겠습니까. 겉으로는 자유로운 발언을 하고 있었지만 뒤에서는 사람들을 무지막지하게 몰아붙이고 있는 사람의 정의감을 신뢰할 수 있겠습니까. 채용 시험에서 차별을 일삼는 회사가 승승장구하는 것을 허용할 수 있겠습니까. 비노출 광고로 가득한 SNS 글을 읽고 싶다는 생각이 드십니까. 생각해 보기 시작하면 끝도 없이 어마어마하게 병들어 있습니다.

Z세대가 안고 있는 정신 건강 문제에 대해 생각해 보면, 우리가 소속되어 있는 사회 그 자체의 '병=암흑'이라는 문제에 접근할 수 있습니다. 코로나나 고독, 미디어의 몰락, 정치 불신, 사회 불평등처럼 대단히 스트레스를 주는 일에 둘러싸여 있는 상황에서 살고 있는 젊은이들에게 앞으로의 마케팅은 무엇을 '약속'할 수 있을 것입니까.

지금까지처럼 활발히 프로모션을 하고 일단 구매하게 만들어서 '팔아치우기만 하는' 것이 아니라 먼저 '어떤 사람과 다른 누군가를 현실적으로 연결해 준다'든가, '다른 유해한 것들로부터 지킨다'는 역할이 요구될 것이라고 생각합니다.

약함이나 상처받기 쉬움에 깊이 공감하는 것

세상에는 암울한 뉴스가 많지만 지금까지 사회를 구성하고 있는 젊은이들의 말과 행동을 살펴보면 을의 약함이나 불완전함을 인정하면서도(번아웃을 겪으면서도), 조금이라도 더 나은 상황을 만들고 싶다는 신념을 가지고 있는 것으로 보입니다. 지금은 남성다움, 여성다움, 인간다움의 정의가 다시금 검토되고 있습니다.

사람들이 일찍이 강하다고 여겼던 위압적이고 난폭한 사람이야말로 사실은 강한 척하고 있었던 약한 사람이며, 마음속에 있는 불안이나 조급함을 케어할 필요가 있는 사람임을 깨닫기 시작했습니다.

고독이나 번아웃은 겁쟁이라고 배척하는 것이 아니라 공감하면서 진지하게 마주해야 할 대상임을 모두가 느끼기 시작했습니다. 사람들은 심각한 상황을 견디면서 울며 잠드는 것이 아니라, 두렵지만 솔직하게 '싫습니다'라고 말하면 상황이 조금씩 변화한다는 점을 배우기 시작했습니다.

때로는 영적인 것이나 종교에 의지해도 좋고, 솔직하게 약함을 인정하고 자신을 케어하면서 진지하게 세상을 조금이라도 변화시켜 나가기 바랍니다. 아직 이상과는 거리가 멀지도 모르지만 자신의 약함을 알고 다른 사람의 약함과 상처 입기 쉬운 부분에 깊이 공감할 수 있는 능력이야말로 새로운 강함으로 바뀌고 있습니다.

다양한 것처럼 보이지만 다수일 뿐인 함정에 주의하라

칼럼

여기서는 Z세대 구성원들이 동경하는 '인플루언서'의 문제점에 대해서 한번 생각해 보고자 합니다. 밀레니얼 세대에 개화한 '스타트업 문화'는 그 뒤를 잇는 Z세대에게 창업가 정신과 실제 창업에 필요한 도구 이렇게 두 가지를 계승했습니다.

먼저 '창업가는 멋지다'라는 이미지를 계승했습니다. 그리고 밀레니얼 세대의 창업가가 만든 페이스북이나 인스타그램, 쇼피파이와 같은 도구가 증가함에 따라 창업을 동경하는 Z세대의 창업 허들이 낮아졌기 때문에 실제로 가벼운 마음으로 비즈니스를 시작하는 사람들이 늘어나고 있습니다.

밀레니얼 세대 사람들에게는 인생 전체를 건 '창업'이었던 것에 비해, Z세대는 '팔로워가 좀 있으니까', 또는 '중고 의류를 좀 좋아하는' 사람이라도 메루카리(Mercari, 전자상거래 회사명)와 인스타그램을 사용하면 '창업가'가 될 수 있는 시대가 되었습니다. 요컨대 약간의 인기를 얻은 유튜버나 인스타그래머라 할지라도, 훌륭한 창업가라고 자칭할 수 있는 시대가 되었습니다.

미국에서는 〈틴보스(Teen Boss)〉라고 하는 10대를 위한 창업 잡지까지 등장하기에 이르렀습니다.(※43) 이 잡지의 내용은 특별할 것이 없으며 유튜버가 되는 법이나 명함 만드는 법과 같은 내용의 특집이 수

록되어 있습니다. 어떤 의미에서 Z세대에게는 창업 역시 '패션 트렌드'가 된 것일지도 모르겠습니다.

일본의 경우에도 한 도쿄대학교 학생에게 들은 이야기에 따르면, 창업을 한 것이 '스펙'이 된다고 하며 데이트 자리에서 식사 비용을 '경비로 처리하는' 어이없는 사람도 있다고 합니다(당연히 업무와 관계없는 회식을 경비로 처리하는 것은 탈세에 해당하기 때문에 결코 흉내 내서는 안 됩니다).

옛날에는 인기를 얻기 위해서 밴드 활동을 하는 것이 왕도였다면 지금은 스타트업을 하고 있는 것이 인기를 위한 필수 도구가 되었습니다. 그러고 보니 넷플릭스 드라마 중에도 '스타트업'이라는 제목의 드라마가 있었습니다. 저 같은 X세대의 입장에서는 격세지감을 느낍니다.

그러나 실제로 중요한 창업의 '알맹이'는 어떻습니까. 제가 보기에는 솔직히 유튜버나 틱톡커들이나 D2C 브랜드들 모두 비슷한 아이디어를 내고 있다는 생각이 듭니다. '관심이 가지 않는' 아이디어밖에 없는 것 같습니다. 대체 왜 그런 느낌이 든 것일까요. 한 가지 이야기할 수 있는 점은 유튜브나 인스타그램처럼 상품을 팔기 위한 플랫폼이 정비되면 될수록 그곳에 업로드되어 있는 콘텐츠가 플랫폼의 특성에 따라가야 하기 때문에 비슷해져 버리는 문제에 있다고 생각합니다. 결국 눈에 띄고 싶다는 일념하에 플랫폼에서 인기를 얻은 콘텐츠를 모두가 따라 하기 때문에 비슷한 것만 가득하게 됩니다.

요컨대 '플랫폼이 요구하는 니즈에 창의성을 맞춰 가는' 현상이 발생합니다. 따라 하는 사람들이 어마어마하게 증가하기 때문에 다양한 아이디어가 아니라 비슷한 아이디어만 잔뜩 보입니다.

유튜버들 역시 어떤 한 사람의 동영상이 인기를 얻으면 다들 일제히 그것을 흉내 내기 시작합니다. '모닝 루틴', '가성비 최고'와 같은 것 말입니다. 알고리즘이 작동하기 때문에 한 번이라도 화제에 오른 동영상을 따라 한 영상들만 늘어납니다. 알고리즘의 영향이 크다고 할 수 있습니다. 내용보다도 형식이 먼저 규정되는 구조인 것입니다.

옛날에 TED 동영상 중에 'TED 스타일로 똑똑한 척 발표하는 비결'이라는 동영상이 화제가 된 적이 있습니다. 이것은 뒤집어 말하면 TED라는 플랫폼이 추구하는 '지적으로 발표하는 프레임이나 연출'에 많은 발표자들이 이끌린 결과, 필연적으로 만들어진 패러디라고 생각합니다. 다시 말해 TED에는 TED 스타일의 프레젠테이션만 모여들게 되는 것입니다.(※44)

D2C 브랜드 디자인 역시 다들 비슷하며, 인스타그램 게시물에 업로드하기 좋다고 여겨지는 것들 역시 대부분 비슷합니다. 음악 스트리밍 서비스 사운드클라우드(SoundCloud)에서 나온 멈블랩도 사실 비슷한 스타일밖에 보이지 않습니다.

자유롭게 보이는 플랫폼이라 할지라도 사실은 어느 단계에서인가 점차 콘텐츠가 비슷해지는 '함정'이 있다고 생각합니다. '이렇게 하면 히트한다(돈을 벌 수 있다)'라는 생각이 들면, 모두 따라 하기 시작하기 때문입니다.

그 밖에도 예를 들자면 스포티파이에서는 '30초간 들어야만 비로소 한 번 시청한 것으로 카운팅 된다'라는 규칙이 있기 때문에 '돈이 될 만한 곡'을 만들기 위해서 다들 인트로에서부터 어떻게든 30초 동안 듣게 만드는 곡을 창작하기 시작했습니다.

티에라 왝이라고 하는 천재 아티스트가 있는데, 티에라는 곡의 길이를 전부 1분 정도로 만들어서 15곡에 15분짜리 앨범을 만들었습니다. 티에라 본인이 이 앨범은 인스타그램에 업로드하는 동영상의 최대 시간이 60초이기 때문에, 그 점에서 영감을 받아서 제작했다고 인터뷰에서 밝혔습니다. 그리고 아마도 스포티파이의 특성도 고려했을 것입니다. 이 점은 플랫폼의 형식을 역으로 이용해서 비판적으로 활용하는 '참신한' 창작이었다고 생각합니다.(※45)

결국 플랫폼에는 비즈니스 모델이 존재하기 때문에 어느 정도 시간이 지나면 그 비즈니스 룰에 최적화된 비슷한 콘텐츠만 양산될 운명인지도 모르겠습니다. 플랫폼 입장에서는 콘텐츠의 개성이나 다양성은 중요하지 않으며, 광고비를 벌어들일 수만 있으면 된다고 생각할 것입니다.

비평가이자 작가인 아즈마 히로키는 10년도 더 전에 출간된 크리스 앤더슨의 《프리》를 현대적인 시점에서 비판적으로 읽어내었습니다. 그는 "'유튜브는 무료이기 때문에 다양한 콘텐츠를 만들 수 있지 않을까?'라고 말한 크리스 앤더슨의 예언의 절반은 틀렸는데, 유튜브야말로 완전히 비슷해 보이는 콘텐츠를 다수 양산해버렸기 때문이다."라고 말했습니다. 아즈마는 이렇게도 말했습니다.

'뉴스든 동영상이든 SNS든 간에 인터넷에서 무료로 서비스를 제공하는 기업은 그 특성에 관계없이 모두 한결같이 더 많은 광고를 모으고, 더 높은 기업 가치를 실현하기 위해서 가능한 한 많은 사용자들을 확보하려 하는 운명에 처해 있다. 그리하여 수많은 인터넷 서비스들은 모두 '수치'의 최대화를 목표로 놀라울 정도로 비슷한 양식에 수렴하며(최근의 사례 중에서는 결국 인스타그램 스토리와 비슷한 기능을 도입한 트위터의 예시가 이해하기 쉬울 것이다), 재생되는 콘텐츠도 놀라울 정도로 비슷한 유형을 표현하는 데 수렴하게 된다. 우리가 지금 직면한 것은 전 세계의 수많은 사람이 같은 디자인의 기기를 사용하며, 같은 디자인의 애플리케이션을 구동하고, 같은 뉴스에 '좋아요'를 누르며, 같은 동영상이나 게시물을 공유하는 디스토피아(역[逆] 유토피아)이다. 무료이기 때문에 문화의 다양성을 죽이고 있는 것이다.'(※47)

지금 사회 여기저기에서 '다양성'을 추구하는 목소리가 높아지고 있음에도 그 구호 자체가 광고 모델에게 지배된 마케팅적인 '다양성'의 논리에 얽혀 있으며 어디에든 비슷한 콘텐츠가 넘치게 된 것일지도 모르겠습니다. 다양성은 어디로 사라져 버렸습니까.

마케터들도 '어떻게 하면 트위터에서 인기를 끌 수 있습니까. 가장 인기 있는 콘텐츠를 알려 주십시오', '좋아요!를 더 많이 받을 수 있는 비결을 알고 싶습니다'라고 생각하게 되기 쉽습니다. 그러나 플랫폼 측에서 요구하는 대로 그러한 콘텐츠를 만들게 되면 '개성'을 빼앗길 위험성이 있다는 점을 잊어서는 안 됩니다.

KEYWORD & SUMMARY

■ Z세대

일반적으로 1990년대 중반에서 2000년대 초반에 걸쳐 태어난 세대를 가리킨다. 2020년 단계에서 전 세계 소비자의 40퍼센트를 차지한다. 쇼핑을 '투표'라고 여기며, '소비 행동을 통해서 자신들의 미래를 바꿀 수 있다'는 생각을 가지고 있다고 한다.

■ 정신 건강

지나치게 연결되어 있기 때문에 오히려 고독감을 느끼는 SNS. 만나본 적도 없는 사람들이 다는 악플. 사회 구조가 일으키는 다양한 문제들. 이런 것들로 인해 세계적으로 Z세대의 정신 건강이 피해를 받고 있으며, 건전한 정신 건강을 유지하는 것이 중요한 테마가 되었다.

■ 번아웃

번아웃이란 '의사에게 보일 정도로 힘든 것은 아니지만', '긍정적이고 건강한 상태도 아닌' 그레이(회색) 같은 상태를 가리킨다. 이것은 세계적으로 문제시되고 있으며, 번아웃 상태의 사람들을 위한 다양한 서비스나 애플리케이션이 등장하고 있다.

■ 파이낸셜 웰니스

사람들의 심신 건강을 저해하는 요인으로 금전적인 문제도 무시할 수가 없다. 최근에 돈과 건강의 관련성을 가리켜 '파이낸셜 웰니스'라는 개념이 제창되었다. CFPB가 그 상태를 정의했는데, 이 중 어느 것을 잃게 되면 정신적인 부담으로 이어진다고 한다.

■ 셀프케어

Z세대와 같은 젊은이들에게 몸과 마음을 케어하는 것이나, 인간관계의 개선을 통해서 '셀프케어'를 하는 것은 생활 속의 '의식'이며, 문화의 하나가 되었다. 그중에서 '장과 정신 건강' 및 영적인 것과 관련된 관심도 높아지고 있다.

지금까지 '미래를 약속하는' 브랜드가 지지를 받는 이유, Z세대의 인사이트로 고립감과 고독, 번아웃이 문제가 된다는 점을 이야기했습니다. 그러면 이제 미래를 어떻게 만들어 나가야 할 것인지, 마케팅은 어떤 역할을 할 수 있을지에 대해 고려하기 위해서 주목해야 할 구체적인 사례와 현상을 키워드와 함께 소개해 보겠습니다.

제 3 장

커뮤니케이션과
고객 인게이지먼트

커뮤니티

안심할 수 있는 장소를 제공할 수 있는가

제1장에서 브랜드는 미래를 '약속'해야 한다고 언급했습니다. 그 약속의 내용은 환경을 위한 활동, 차별하지 않는 공정함, 문화를 존속시키기 위한 지원 등 다양합니다. 어느 것이든 약속을 진심으로 지키기 위한 마음과 실천이 뒷받침되어야 사람들이 공감할 수 있습니다.

그렇지 않아도 코로나의 영향으로 무엇을 믿어야 할지 모르는 상황이 계속되는 와중에, 각 브랜드는 고객의 신뢰를 얻기 위해서 무엇을 해야만 하는지 진지하게 생각해 보아야 합니다. 지금은 브랜드가 대중의 신뢰를 얻기 위해서는 홍보 활동만이 아니라 믿을 수 있는 커뮤니티를 운영하고 있는지의 여부가 중요해졌습니다.

영국의 리서치 펌 스타일러스(Stylus)가 발표한 리포트에는 어떤 15

세 여자아이가 '브랜드를 통해 전달되는 커뮤니티 감각이 중요합니다' 라고 쓴 댓글이 기재되었습니다. 이 점이야말로 브랜드에게 요구되는 것 중에서 가장 중요한 요소라고 생각합니다.

지금 젊은 사람들이 '잘나가는' 브랜드라고 느끼는 이유는 얼마나 유명한지가 아니라 '생생한 커뮤니티 감각이 있는가' 하는 점입니다. '생생한 커뮤니티 감각'이란 구체적으로 '신뢰할 수 있는 사람들이 운영하는 브랜드', '비슷한 가치관을 가진 사람들이 모여 있으며 소외되지 않는다', '내 고독함을 바라봐 준다' 등의 느낌을 의미합니다.

브랜드의 커뮤니티에 접속했을 때 마음이 편해지는지, 외롭지는 않은지, 배울 점이 있는지, 소외되지 않는지와 같은 정서적인 안정감과 특별한 느낌을 받게 하는 것이 중요합니다. 이 점은 제2장에서 이야기한 '고독'에 대해 생각해 보면 이해할 수 있을 것입니다. 안심할 수 있는 커뮤니티를 운영하는 것이야말로 브랜드가 해야 할 첫 번째 '약속'입니다.

예를 들어 저는 2018년에 룰루레몬이라고 하는 요가웨어 브랜드가 런던에서 주최한 '달콤한 인생(Sweat Life)' 이벤트에 참가했습니다. 회장에 도착하니 인상이 좋은 직원분이 마중을 나왔습니다. 회장 여기저기에서 즐겁게 요가 수업을 받는 것을 볼 수도 있었고, 건강을 위해 세심하게 신경 쓴 점심 메뉴가 준비되어 있었으며 정신 건강과 관련된 열정적인 세미나도 열리고 있었습니다. 요가 이벤트인데 DJ도 있었고 장내에는 세련된 댄스 음악이 흐르고 있었으며, 분위기가 정말 좋았습니다. 분위기에 휩쓸려 그 자리에서 새 요가복을 사 버렸을 정도였습니다.

룰루레몬은 분명 디자인이나 소재도 훌륭하지만, 그와 동시에 요가 커뮤니티를 활발하게 운영하고 있었기 때문에 더한층 폭발적인 인기를 끈 브랜드입니다. 지금은 언더 아머를 위협할 정도의 매상을 자랑하고 있다고도 합니다.(※2) 룰루레몬은 '커뮤니티 감각'을 중요하게 생각했기 때문에 지금처럼 눈부시게 성장할 수 있었습니다. 다만 이와 동시에 언급해 두어야 할 점은 룰루레몬은 예전부터 인도가 발상지인 요가 문화를 도용했다는 비판을 받고 있으며, 화이트워싱이라는 지적을 받고 있습니다.

최근에는 '나마스테'라는 이름의 요가복을 출시했는데, 인도계 소비자들이 인터넷에 이것은 문화를 도용한 것이라는 글을 업로드했으며 250명이 지지 서명에 동참했습니다. 그러자 룰루레몬 측은 신속하게 대응을 취해 나마스테 요가복 판매를 중단했습니다(단지 발매를 중지한 것뿐이며 브랜드 입장에서 공식적으로 사과하지는 않았다고 합니다).(※3)

반면 마찬가지로 요가복을 만드는 브랜드인 스웨티베티(Sweaty Betty)의 경우, 요가의 역사에 대해 이야기하는 것을 시작으로 많은 수의 요가 수도자들을 정중하게 취재하고 요가 문화에 관한 다양한 생각들을 업로드해서 문화 도용이라는 비판에서 자유로울 수 있었습니다.

브랜드 측이 다양한 사람들과 '대화'를 나누고, 가능하면 열려 있고 투명하게 정보를 게시하는 것이 중요합니다. 이러한 자세가 소비자와의 신뢰 관계 형성으로 이어지는 것입니다. 그야말로 요가 커뮤니티를 소중하게 생각했기 때문에 가능했던 정중한 접근이라고 생각합니다.(※4)

그 밖에도 커뮤니티나 문화를 중요시하는 신흥 브랜드가 많이 있습니다. 권말에 Z세대의 각국 젊은이들이 주목하고 있는 패션, 뷰티,

라이프스타일 계열 등의 브랜드 리스트를 정리해 두었습니다. 관심이 있는 분들이라면 권말 부록을 살펴보시기 바랍니다. 많은 기업이 커뮤니티와 그 바이브(생동감 있는 감각)를 중요시하고 있다는 것을 확인할 수 있을 것입니다.

정치나 미디어에 대한 불신이 기업에 기대하게 만든다

안심할 수 있다는 관점에서 생각해 보자면, 커뮤니티와는 또 다른 측면으로 기업의 '올바른 정보 제시'가 중요시되고 있습니다. 스토리텔링이나 내러티브(narrative)라고 하면 일반적으로 '픽션'이나 '꿈'을 연상하기 쉽지만, 신뢰할 수 있는 스토리를 전개하고 싶다면 브랜드 측에서 현재 상황을 솔직하게 인식하고 올바른 정보를 게시하려고 마음먹어야 합니다.

이상과는 동떨어진 상황이라 할지라도 '지금 어떤 일이 일어나고 있는지', '무엇이 어느 정도로 개선되고 있는지'를 객관적으로 발표할 것이 기업에 요구됩니다. 스텔스 마케팅이나 사실을 날조하는 것은 물을 필요도 없이 절대 해서는 안 되는 일입니다.

브랜드 측이 미래의 꿈에 관해 이야기하기 전에 현실을 잘 파악하고, 소비자에게 근거 있는 데이터를 공개해서 '안심할 수 있게 하는 것'이 대단히 중요합니다. 글로벌 PR 에이전시 에델만(Edelman)은 코로나 이후 정보에 대한 신뢰성과 관련해 소비자들을 대상으로 설문조사를 실시한 바 있습니다.(※5) 여기서 명확해진 사실은 현재 정치나 언론에 대한 불신이 증가했기 때문에 오히려 많은 사람이 기업(특히 대기업)들이 올바른 정보를 제시해 주고 믿을 수 있는 장소를 만들어주기를 바라고 있다는 점이었습니다. 조사 결과를 인용하면 다음과 같습니다.

> 지금 기업들에게는 팬데믹 이후에 소비자들이 가지게 된 우려들에 대해 대처할 것이 요구된다. 응답자의 3분의 2 이상(68퍼센트)이 정부가 대응하지 않는 경우에는 기업의 CEO가 개입해야 한다고 생각하고 있었으며, 86퍼센트는 인종 차별이나 고용 자동화와 같은 사회적인 과제에 대해 기업의 CEO가 공식적으로 발표할 것을 희망하고 있었다.

해당 조사에 따르면 기업은 다른 공인 기관(NGO, 정부, 미디어)에 버금가는, 가장 신뢰할 수 있는 기관입니다. 브랜드는 코로나 시대의 '인포데믹(infodemic)'을 막기 위해 왜곡되지 않고 사실이 확인된 콘텐츠를 제공해서 신뢰를 더욱 향상해야 합니다. 브랜드 측에서는 더욱 올바른 정보를 제공할 것이 요구된다는 점을 자각할 필요가 있습니다.

디지털 캠프파이어
아무에게도 부정당하지 않는 장소를 찾아

앞서 '커뮤니티의 감각이 중요하다'라고 언급했는데 이것이 기존 광고 커뮤니케이션 및 SNS의 입소문 바이럴 마케팅과 어떻게 다른지 알고 계시나요?

광고는 말 그대로 널리 알린다는 것이 가장 중요한 목적입니다. 하지만 커뮤니티에서는 실제로 얼굴을 마주할 수 있는 멤버들에게 친밀하고 정중한 커뮤니케이션을 취할 것이 요구됩니다.

여러분이 주목하셔야 할 논문이 있습니다. 2020년 〈하버드 비즈니스 리뷰〉에 저널리스트 사라 윌슨이 기고한 '안티 소셜 미디어 시대'입니다. 사라는 이 논문에서 '지금까지 온라인상의 커뮤니케이션 방법 중에서 SNS의 폐해가 심각하기 때문에, 모두가 더욱 안심하고 시간을 보낼 수 있는 커뮤니티, 다시 말해 디지털 캠프파이어를 할 수 있는 장소가 필요하다'라고 말했습니다. 그중 일부를 인용해 보겠습니다.

> 소셜 미디어라는 것은 아무나 참가할 수 있을지 모르지만, 이미 어느 누구도 그곳에 참가했다는 사실에 대해 특별히 흥분하지 않게 되었다. SNS는 마치 복잡한 공항 터미널처럼 느껴진다. 하지만 디지털 캠프파이어는 보다 작은 규모의 사람들이 모이기 때문에 설렘이 가득하고 더욱 친밀감을 느끼는 오아시스가 될 것이다.(※6)

지금은 혼잡한 인파에서 멀리 떨어져 캠프파이어를 할 수 있는 따뜻한 장소가 필요합니다. SNS이든 친구와 느긋한 시간을 보내는 것이든 안심할 수 있는 시간을 공유하고 싶어 하는 것입니다.

무슨 느낌인지 잘 이해하시리라 생각합니다. 일본에서도 글램핑(glamping)이나 물담배, 사우나가 인기를 끌고 있는 것은 그러한 것들에 바로 이 '캠프파이어를 즐기는 느낌'이 있기 때문이라고 생각합니다. 실제로 이러한 포스트 거대 SNS 시대를 이끌어가는 디지털 캠프파이어에 해당하는 서비스들이 여럿 등장하고 있습니다.

가장 상징적인 것으로는 디스코드를 들 수 있습니다.(※7) 이 프로그램은 원래 친구들에게 게임 실황을 보여주고 즐기려 하는 사람들에게서 비롯했습니다. 게임 실황을 보여주는 플랫폼 중에는 트위치의 규모가 가장 컸지만, 트위치의 경우 일반인들에게도 실황 내용이 공개되어 버립니다. 그렇기 때문에 '친구들끼리만 즐겁게 놀고 싶다'라는 목소리에 따라 디스코드가 탄생한 것입니다.

현재 디스코드 태그라인에는 '수다를 떨기도 하고 같이 모여서 놀 수 있는 장소(Your Place to Talk and Hang Out)'라고 되어 있습니다. 그야말로 디지털 캠프파이어를 하기를 원하는 사람들의 마음을 사로잡은 표현입니다. 디스코드는 게임 유저들뿐 아니라 일반적으로 대화를 나누는 사람들도 사용하게 되었으며, 코로나 상황에서 사용자가 폭발적으로 증가했습니다. 재택근무를 하는 사람들 사이에서도 수다를 떨고 싶을 때 사용한다고 합니다.

'선배님, 자료를 확인해 주실 수 있을까요?'라는 말을 줌이나 팀즈에서는 하기 어렵습니다. 그래서 디스코드처럼 한정된 멤버들과 상시 접속할 수 있으며, 잡담도 허용되는 장소가 소중해진 것입니다. 지금 새로운 네트워크 서비스 중 많은 수는 이처럼 '편안하게 연결되어 있으면서 잡담도 허용되는' 장소를 목표로 해서 만들어지고 있습니다.

지금은 아무도 사용하지 않는 클럽하우스도 실은 이 디지털 캠프파이어의 성질을 띤 서비스라고 생각합니다. 그러나 제가 보기에 클럽하우스는 원래 디지털 캠프파이어에 적합한 서비스였음에도 불구하고, 초기 단계에 유명한 연예인과 인기 유튜버들이 순식간에 몰려와서 팔로워를 끌어모았기 때문에 '친밀한 커뮤니티라는 느낌'이 사라진 것이 아닐까 하고 생각합니다.

그 결과 커뮤니티라는 느낌이 생기기도 전에 불타 사라진 것입니다. 애초에 마음 편히 있을 수 있는 커뮤니티라면 '입소문'이나 '팔로워를 잔뜩 끌어모으려는' 생각과 양립하지 않을 것입니다. 무엇이든 그렇겠지만 '인기를 앞세워서' 시작한 일은 금방 식어버리고 맙니다. 역시 '내용이 앞서는' 것이 중요합니다.

주절주절 이야기만 하는 라이브 스트리밍도 디지털 캠프파이어

이렇게 디지털 캠프파이어 사례들이 등장하는 와중에, 기존 SNS들도 다양한 아이디어를 반영하기 시작했습니다. 예를 들어 코로나 사태가 발생한 이후 대부분의 사람은 사용자가 많은 SNS인 핀터레스트 내에서 '셀프케어'나 '정신 건강'에 관해 검색을 하고, 마음이 편안해지는 사진을 찾기 시작했습니다. 이렇게 될 것을 일찌감치 예측한 핀터레스트 측에서는 비슷한 검색을 한 사람들을 대상으로 특별한 랜딩 페이지를 준비했습니다.

구체적으로는 핀터레스트 사이트에서 '정신 건강'을 검색하면 명상이나 요가 방법, 마음을 다스리는 법을 소개하는 다양한 콘텐츠를 모아 둔 페이지가 로딩됩니다. 또한 '정신 건강'이라고 검색한 사람들에게는 '광고를 노출하지 않도록' 배려했다고 합니다. 지쳐 있는 사람들에게 불필요한 광고를 보여주지 않으려는 핀터레스트 측 나름의 '배려'일지도 모르겠습니다.

그 밖의 브랜드들에서도 여러 가지 방안을 실시했습니다. 예를 들어 영국과 스페인에서 만들어진 미스타(Miista)라고 하는 신발을 중점으로 판매하는 어패럴 브랜드를 알고 계십니까.(※8) 이 브랜드에서는 록다운 기간 동안에 인스타그램에서 드래그 퀸(엔터테인먼트를 목적으로 과장된 여장을 하는 사람) 조지 비(※9)를 기용해, 그가 욕조에 몸을 담근 채로 편안하게 이야기하는 라이브 스트리밍 방송을 했습니다. 특별한 내용은 없었지만 시청자들은 '이 방송을 보고 있으니 어쩐지 기분이 편안해지고 안도감이 든다'고 느꼈습니다.

H&M이 매수한 어패럴 브랜드 몽키스피어(Monkispehre)는 회사의 웹 사이트에 해당 사이트 내에서만 교류할 수 있는 SNS 커뮤니티를 만들었습니다. 사이트 내부의 그룹 채팅방에서는 멤버들이 다른 고객의 쇼핑에 관한 질문에 답을 해 주기도 하고, 오리지널 제작 의류의 무드 보드(Mood Board)를 공유하기도 합니다. 외부에 공유되지 않는다는 데서 오는 편안함 때문인지 고객들이 몽키스피어의 옷을 입은 셀카를 마음 편히 업로드한다고 합니다.(※10)

화기애애한 커뮤니티를 구성한 브랜드로는 블룸(Blume)을 들 수 있습니다. 블룸은 사춘기 소녀들을 대상으로 생리용품이나 보디 케어 상품을 판매하는 D2C 커뮤니티 커머스 브랜드입니다. 이 브랜드는 '자매다움(Sisterly)'을 목표로 하는데, 이는 '부모나 지인들에게 물어보기 힘든 질문'을 블룸이 '친절한 언니'처럼 이야기를 들어준다는 커뮤니티 전략입니다. 대단히 정중한 커뮤니케이션 방식으로 운영되고 있습니다.

사춘기에 접어들면 몸과 마음의 밸런스가 달라지기 때문에 여러 가지 불안한 생각이 들 수 있습니다. 그러나 부모나 친구들에게는 터놓고 말하기가 쉽지 않고, 인터넷에서 얻는 정보 중에는 불확실한 것들이 많기 때문에 블룸이 안심하고 의논할 수 있는 커뮤니티를 구축한

것입니다.(※11)

언론과 관련된 분야에서도 디지털 캠프파이어 사례들이 많이 등장하고 있습니다. 예를 들어 구글 크롬(Chrome)의 애드온 기능 중에는 친구와 함께 넷플릭스를 볼 수 있는 텔레파티(Teleparty)라는 툴이 있습니다. 이 툴을 활용해 친구와 넷플릭스를 동시에 시청하며 시간을 보내는 것이 유행하고 있습니다. 확실히 리얼리티 쇼는 '의견을 이야기할' 만한 구석이 많기에 다 같이 보는 편이 더 재미있기 마련입니다.(※12)

서브컬처로 힐링

이러한 흐름을 보고 있으면 일본의 니코니코동화라는 동영상 사이트는 대단히 선구적이었다는 생각이 듭니다. 혼자서 쓸쓸하게 니코니코동화의 동영상을 보고 있다 하더라도 다른 사람의 댓글이 끊임없이 표시되는 UX는 획기적이었습니다. 혼자라도 전혀 외롭다고 느끼지 않기 때문입니다.

고독함을 느끼는 사람들에게 다가가는 서브컬처는 세계에서 일본이 가장 선구적일 것이라 생각합니다. 앞서 말한 니코니코동화는 물론이고 혼밥에 최적화된 이치란 같은 라멘집, 1인 노래방, 고민 상담을 위한 '아저씨를 빌려드립니다' 서비스, '고독한 미식가'나 'NHK에 어서 오세요!' 같은 고독을 치유하는 내용의 영상물부터 혼자서도 들어갈 수 있는 가게들에 관한 리스트업까지 해당 콘텐츠 퀄리티는 세계 최고라고 생각합니다.

최근에 《세계의 은둔형 외톨이》라고 하는 전 세계 은둔형 외톨이들을 인터뷰한 흥미로운 책도 발견했습니다.(※13) 이 책에서 인터뷰를

한 사람 대다수가 일본 'NHK에 어서 오세요!'라고 하는 은둔형 외톨이가 주인공으로 등장하는 작품에 큰 영향을 받았다고 대답해서 깜짝 놀랐습니다. 설마 일본의 콘텐츠가 그렇게 영향력이 있었을 줄이야 하는 생각이 들었습니다.

그와 동시에 은둔형 외톨이로 생활하고 있는 사람들이 가지고 있는 생각이나 괴로워하는 점, 신념도 제각기 다르다는 것을 알게 되었습니다. 역시 사람은 일괄적으로 생각할 수 없는 것입니다. 브랜드들은 경제 활동을 초월해서, 이러한 사람들이 '있을 장소'를 마련해야 합니다.

도메스틱 코지
집 안에서 포근하게 지내는 시간이 필요하다

방금 은둔형 외톨이에 대한 이야기를 했는데, 코로나 시국 동안 전 세계 사람들은 한시적이나마 '은둔 생활'을 체험했다고 할 수 있습니다. 애초에 '집 밖'에 있으면 피곤한 일도, 스트레스 받을 일도 많기 때문에 집에 틀어박혀서 편안하게 지내고 싶다고 생각하는 사람들도 증가하고 있습니다.

코넬 대학과 제록스에서 연구자 생활을 거쳐 현재 컨설팅 회사를 경영하고 있는 벤터케시 라오라는 디자인 사상가가 있습니다. 이 사람은 대단히 예리한 시각을 가지고 있으며, 현대 디자인의 흐름이나 사람들의 인사이트를 읽어내는 달인입니다. 마케터라면 필히 그가 운영하는 컨설팅 회사 블로그 '리본팜(www.ribbonfarm.com)'을 정독해 보기를 추천합니다.

그는 코로나 상황이 기본적으로 부정적인 점이 많지만, 관점을 바꿔 보면 장점도 있다고 합니다. 지금까지 우리는 계속 바쁘게 살면서 일했지만, 지금은 집안에서 유튜브를 보기도 하고 요리하는 데 시간을 사용하면서 '조금 편안하게 지낼 수 있는 시간'을 재발견할 수 있다고 말했습니다.

라오는 이를 가리켜 '도메스틱 코지(Domestic Cozy)'라는 표현을 사용했습니다. 이 표현은 친구나 가족과의 커뮤니티에서 느끼는 따뜻함과 집에서 보내는 시간을 중요하게 생각하는 콘셉트라는 의미로 사용됩니다. 많은 사람이 코로나로 인해 '집안에서 느긋하게 보내는' 시간의 가치를 재발견하게 된 것입니다.

그는 코로나 이후 D2C 디자인의 톤&매너도 크게 바뀌었다고 지적합니다. 원래 D2C 브랜드 사이트의 세계관은 레드앤틀러(Red Antler)라는 D2C 전략부터 디자인까지 담당하는 뛰어난 크리에이티브 프로덕션에서 만들어 온 역사가 있습니다. 대사 폰트와 소위 'D2C스러움'을 파스텔톤으로 연출하는 것은 대부분 이곳에서 만든 것입니다. 캐스퍼, 올버즈, 쓰레드업(ThredUp) 등, D2C의 강자들은 모두 레드앤틀러가 담당했습니다.(※14)

그러나 코로나 시국 이후로 이러한 디자인의 흐름은 분명 바뀌고 있습니다. 예를 들어 패턴(Pattern)이라는 키친웨어가 D2C에 소개한 사진을 보면, 일회용 카메라로 찍은 듯한 현실 커플의 사진을 사용했습니다.(※15) 솔직히 패턴의 디자인은 조금 촌스럽습니다. 그렇기 때문에 현실감이 있고 실생활과 비슷하다고 느끼게 됩니다. 그리고 라오는 이것이야말로 도메스틱 코지의 인사이트라고 말합니다. 꽤 설득력 있는 말입니다.

새로운 패션 트렌드, 고프코어와 코티지코어

'집 안에서 느끼는 포근함'을 추구하는 경향이 패션 트렌드에서는 약간 재미있는 움직임으로 나타났습니다. 예전에 유행했던 패션 트렌드 중에 스티브 잡스의 스타일로 대표되는 놈코어룩(Norm core look)이라는 표현이 있습니다. 놈코어룩이란 사람들은 보이는 것보다 '내면'을 중요시하기 때문에 패션으로 자신을 과대포장하는 것이 아니라 가능한 한 착용감이 좋은 심플한 옷을 선택한다는 생각을 반영한 패션입니다.

그 후에 새롭게 등장한 스타일로 '고프코어'가 있습니다. 이 스타일은 Z세대에게 인기가 있는 등산이나 캠핑과 같은 아웃도어 액티비티의 유행을 따라 이름 붙여진 패션 트렌드입니다. 이 패션 트렌드는 '방한성이 뛰어나다'거나 '활동성이 좋다'와 같은 뛰어난 기능성을 중요시한다는 특징이 있습니다.

노스페이스의 디자인이 세련되어졌고, 노스페이스 옷을 입은 사람을 길에서도 많이 볼 수 있게 되었습니다. 그리고 최근에는 구찌와 컬래버레이션을 하는 등, 지금도 아웃도어 붐은 계속되고 있습니다.(※17)

일본에서도 글램핑이나 텐트 사우나처럼, 고프코어와 관련된 것들이 큰 인기를 끌고 있습니다. 워크맨이 히트한 것 역시 이러한 맥락에서 이해할 수 있습니다. 어쩌면 어떤 브랜드에서 패셔너블한 사우나 캡을 만들거나, 유기농 재료를 사용한 크래프트 오로포(오로나민C에 포카

리스웨트를 혼합한 사우나 음료)를 개발하고 있지는 않을까요.

코로나 시국 이후에는 '코티지(시골집)코어' 스타일이 새롭게 등장했습니다. 코로나를 계기로 도심지를 떠나 지방으로 이주한 사람들도 많이 있습니다. 도심을 떠나 한적한 자연 속에서 느긋하게 생활하는 패션 스타일이 유행하고 있는 것입니다. 포크풍이나 컨트리풍 음악을 들으면서 정원을 가꾸기도 하고, 느긋하게 책을 읽기도 하는 모습을 떠올릴 수 있습니다.

실제로 미국의 유명 아티스트인 테일러 스위프트나 빌리 아일리시의 곡 스타일도 순식간에 코티지코어한 분위기로 바뀌었습니다.(※18) 또한 실내에서 안락하게 시간을 보낼 수 있는 상품들이 인기를 끌기 시작했습니다. 예를 들어 레고는 성인들을 위해 실제 꽃다발처럼 보이는 '보태니컬 컬렉션'을 출시해 크게 히트 치기도 했습니다.(※19)

퍼즐이나 카드게임도 사상 최고 판매액을 달성했다는 데이터도 있습니다.(※20) 넷플릭스의 '퀸즈 갬빗'이라는 드라마도 크게 성공을 거두었는데, 정말 좋은 드라마였다고 생각합니다. 이 드라마의 성공으로 게임 실황 중계로 잘 알려진 트위치에서는 체스 게임 중계 영상의 인기가 폭등했다고도 합니다. 그리고 체스와 관련되어 업로드된 동영상 콘텐츠가 반년 동안 무려 400만 개에 달했다고도 합니다.(※21)

노스탤지어가 고독을 완화한다

향수를 불러일으키는 콘텐츠도 지금 대단한 인기를 끌고 있습니다. 사람은 그리운 것을 접하게 되면 과거의 친구나 가족에 대한 기억을 떠올리게 되어 고독한 느낌이 완화된다고 합니다. 사우스햄프턴 대학의 소셜&퍼스낼리티 심리학 교수인 팀 와일드샷의 표현을 인용해 보겠습니다.

'그리움은 대단히 사회적인 감정이다. 사람들이 향수를 느끼는 대다수 경우는 인간관계와 관련이 있다. 눈앞에 친구가 실제로 있지 않더라도 향수를 느끼면 특별한 사람과의 친밀함을 느낄 수 있게 되는 것이다. 그리움을 느끼면 그 사람이 자신의 곁에 있는 듯한 느낌이 들어서 외로움이 완화된다.'

실제로 풀수트FM(poolsuite.FM)이라고 하는 80년대에 수영장에서 자주 틀었던 히트곡을 틀어주는 인터넷 라디오 프로그램이 있는데, 이 프로그램은 방영되자마자 100만 다운로드를 달성했다고 합니다.(※22) 또한 예전에 인기 있었던 스타트렉이라는 SF 드라마도 '동창회' 비슷한 것을 열어서 화제가 되었습니다. 90년대 시리즈에 출연했던 당시의 배우들을 모아 줌으로 이벤트를 개최했는데, 왕년의 팬들이 대거 모여 옛날이야기로 꽃을 피웠다고 하는 마음이 따뜻해지게 만드는 이벤트도 있었습니다.(※23)

상처를 주는 현실보다도 안심할 수 있는 온라인으로

집에 있으면서 안심하고 진료를 받을 수 있는 서비스 중에서 저는 원격 진료를 하고 있는 아야나 테라피(Ayana Therapy)에 흥미를 느꼈습니다.(※24) 이것은 LGBTQ+ 커뮤니티의 사람들이나 영어를 잘 구사하지 못하는 이민자들이 편안하게 사용할 수 있도록 마련된 원격 의료 서비스입니다.

구체적으로는 LGBTQ+인 의사나, 여러 언어를 구사할 수 있는 의사가 진료를 담당합니다. LGBTQ+나 이민자들이 기존 병원에 갔을 때 생각 없는 말을 듣게 되거나, 영어를 잘하지 못해서 자신의 증상을 정확하게 설명하지 못해 상처받는 일이 없도록 마련된 원격 진료 서비스입니다. 자신을 이해해 주고 상처 입히지 않는 의사를 온라인상에서 선택할 수 있는 구조인 것입니다.

이러한 움직임은 교육 업계에서도 일어나고 있습니다. 코로나 전부터 미국이나 호주에서는 지방 공립학교에 아이들을 보내는 것을 불안하게 생각한 부모들이 적극적으로 홈스쿨링을 도입했는데, 코로나를 기점으로 홈스쿨링을 선택하는 가정이 더욱 증가했다고 합니다. 실제로 2020년 조사에서는 호주에서 71퍼센트의 가정이 홈스쿨링을 긍정적으로 생각하고 있었으며(McCrindle, 2020)(※25), 미국에서는 지금까지 홈스쿨링을 하지 않았던 부모 중 9퍼센트가 내년에는 적어도 어느 정도 기간은 홈스쿨링을 실시할 계획이라고 대답했습니다(EdWeek, 2020).(※26)

이러한 상황에서 STEAM 교육(※27)과 같은 고도의 교육을 실천하기 위한 정기구독 교육 서비스도 더욱 충실해지고 있습니다. STEAM 교육이란 과학, 기술, 공학, 예술, 수학 이렇게 다섯 분야를 넘나들며 학습하는 교육 방법입니다. 예를 들어 런던을 거점으로 하는 과학 콘텐츠 전문 회사 멜사이언스(MEL Science)의 경우, 2020년 12월에 1,400만 달러의 자금을 조달하는데 성공했으며, STEAM 교육에 특화된 정기구독 서비스를 제공하고 있습니다. 이 서비스를 이용하면 과학 실험 체험

세트가 매일 배달되는데, 아이들도 내용을 이해하기 쉽도록 동영상으로도 배울 수 있는 프로그램입니다.

이러한 움직임은 영어권에만 해당하는 것이 아니어서 미국에 거주하고 있는 라틴 계열 아이들을 위해 스페인어로 만들어진 교재를 보내주는 서비스도 시작되었습니다. 캘리포니아의 에듀테크 기업 엔칸토스(Encantos)는 비즈니스 미디어 〈패스트컴퍼니(Fast Company)〉가 꼽은 '2021년에 가장 혁신적이었던 교육 기업' 중 하나로 선정되었습니다. 이 회사는 칸티코스(Canticos)라는 교육 서비스를 통해 미취학 아동을 위한 영어와 스페인어 바이링구얼(2개 국어) 서적, 학습 애플리케이션, 게임, 동영상을 제공합니다.(※29)

지금까지는 의료나 교육을 지역 내 한정된 곳에서만 선택할 수 있었습니다. 그러나 선택지가 별로 없는 상황 속에서 불합리하게 상처를 받을 정도라면, 오히려 자신의 개성과 수준에 부합하고 안심할 수 있는 온라인상의 '안식처'를 선택하는 시대가 되어가는 것일지도 모르겠습니다.

메타버스/멀티버스
게임은 새로운 사회가 될 수 있을까

지금까지 사람들이 마음 편히 지낼 수 있는 장소의 중요성에 대해 이야기했습니다. 그런데 앞으로 '온라인 장소' 중에서는 메타버스/멀티버스를 무시할 수 없을 것입니다. 메타버스/멀티버스란 VR이나 AR을 사용해서 보다 현실 세계에 가깝게 구현된 디지털 공간을 가리킵니다. 이러한 새로운 버추얼 공간도 '젊은 사람들이 있을 곳'이 되고 있습니다.

대표적인 예시로 게임 포트나이트, 로블록스, 마인크래프트, 모여라 동물의 숲을 들 수 있겠습니다. 그중에서도 포트나이트가 가장 큰 규모를 자랑합니다. 최근 포트나이트 운영사인 에픽이 애플리케이션 내의 과금 '이권'을 둘러싸고 애플과 격렬한 분쟁을 벌인 것이 화제가 되기도 했습니다. 그러한 분쟁에서도 살펴볼 수 있듯이 에픽이 GAFAM의 차기 플랫폼 패권을 잡을 가능성도 엿보입니다.(※30)

라이브, 아이돌, 하이브랜드

포트나이트는 DJ 마시멜로나 트래비스 스콧, 요네즈 켄시와 같은 아티스트들이 게임 내에서 라이브를 벌여 화제가 된 적이 있습니다.(※31) 최근에는 아리아나 그란데의 라이브도 열렸습니다. 로블록스에서도 릴 나스 엑스의 라이브가 있었습니다. 음악 업계의 슈퍼스타들이 메타버스에 모이고 있는 것입니다. 이것이 의미하는 바는 포트나이트 게임 그 자체가 개발사를 초월하는 존재가 되어가고 있다는 점입니다.(※32)

덧붙여 말하자면 저는 메타버스 시대의 아이돌로 한국의 SM엔터테인먼트에서 2020년에 데뷔한 에스파(aespa)를 주목하고 있습니다. 에스파는 네 명의 멤버가 각자 아바타를 가지고 가상 세계와 연결되어 있습니다. 현실 멤버와 아바타 멤버 모두가 활동한다는 콘셉트의 아이돌 그룹으로, 완벽하게 메타버스 시대를 염두에 둔 아이돌이라고 할 수 있습니다.(※33)

그룹 세계관에 따르면 '멤버들에게는 가상 세계 플랫(FLAT)에서 인터넷상의 자신을 형상화한 또 다른 자신인 아바타 아이(æ)가 존재한다. 멤버와 æ는 싱크(SYNK)를 통해 서로를 연결할 수 있으며 그 밖에도 포스(P.O.S)라는 싱크홀을 통해 현실과 가상세계를 오가는 리콜(REKALL)을 할 수 있다'고 합니다.(※34)

에스파가 현명하다고 생각되는 점은 아이돌 본인들의 활동과 가상공간 속에서의 활동을 분리할 수 있기 때문에 활동량을 늘릴 수 있다는 점입니다. 예를 들어 SNS를 운용하는 경우에는 '버추얼 팀'이 일부를 담당하여 활동을 조절할 수 있으므로 아이돌 본인의 멘탈케어 등에 도움이 될 것이라고 생각합니다.(※35)

또한 하이브랜드에서도 메타버스를 적극적으로 활용하기 시작했습니다. 예를 들어 네이버의 메타버스 플랫폼 제페토(ZEPETO)는 구찌나 랄프로렌이 증강현실 속에 브랜드 공간을 만들도록 했습니다.(※36)

중국 기업 알타바는 메타버스 내에서 아바타에 다양한 스타일링을 적용하고 유저끼리 패션을 자랑하는 플랫폼을 발표했습니다.(※37) 유저들은 게임 속에서 자신의 아바타에 하이브랜드의 옷을 입혀 꾸밀 수 있습니다. 이 게임은 '클럽 엠스타'을 개발했던 구준회 누리엔소프트웨어 대표가 구상한 것이라고 합니다.(※38)

저는 이러한 움직임을 통해서도 포트나이트처럼 메타버스 내에서 기업 계정이나 API가 조만간에 개방될 것이라고 예상합니다(광고 모델이라는 편협한 용도로만 사용되지 않기를 바랄 뿐입니다). 어느 경우이든 새로운 '사회'가 그곳에 만들어지는 것입니다. 당연히 여러 문제도 수반하겠지만 과연 어떤 사회로 변모할 것인지 주목할 필요가 있습니다.

메타버스에서는 포괄적인 사회가 실현되기를 바란다

개인적으로는 앞으로의 메타버스가 포괄적인 가능성을 더욱 추구하기를 바라고 있습니다. 게임 속에서는 성별이나 연령, 인종에 관계없이 자신이 바라는 모습을 자유롭게 표현하고, 그 아이덴티티가 아무에게도 상처를 받지 않는 장소가 됩니다. e스포츠 대회에서는 육체적인 경기와는 달리 장애가 있는 사람도, 나이가 많은 사람도, 남녀 관계없이 어쩌면 AI까지도 포함해서 진지하게 경기를 하게 될 수도 있습니다.

메타버스에는 이러한 포괄성을 실현할 가능성이 있습니다. 그 싹이 될 듯한 한 가지 사례를 소개하겠습니다. 매년 LGBTI+ 커뮤니티와 권리를 축하하는 이벤트 '글로벌 프라이드'가 있습니다. 글로벌 프라이드는 2020년에 코로나의 영향으로 현실 공간에서 이벤트를 주최하기 어렵게 되자, 대신 닌텐도 게임 동물의 숲 안에서 이벤트를 실시해 화제를 모았습니다. 이 단체는 아바타 디자인으로 유명한 크리에이티브 프로덕션 위아소셜(We Are Social)과 파트너십을 맺고, 게임 내에서 독자적인 섬을 구축한 다음 LGBTI+ 커뮤니티 사람들이 온라인에서 마음 놓고 교류할 수 있게 하여 큰 반향을 불러일으켰습니다.(※39)

현재 에픽과 같은 곳이 어떤 기술 영역에 투자하고 있는지 조사해 보면 꽤 흥미롭습니다. 에픽은 최근 웹카메라로 사용자의 얼굴을 모니터링하고 실시간으로 사용자의 3D 표정을 분석해, 아바타의 얼굴에 사용자의 희로애락 표정을 반영하는 기술을 보유한 하이퍼센스(Hyprsense)라는 회사를 매수했습니다.(※40, 41)

이 매수를 통해 에픽이 향후 사용자의 아바타에 '표정'을 반영하려 한다는 사실을 예상할 수 있습니다. 메타버스 세계에서 '사회'를 구성하려고 하면 사람의 감정과 공감이 필요하기 때문입니다. 애덤 스미스의 도덕 감정론은 아니지만, 사회 기반에는 사람의 감정과 공감이 필요합니다. 이렇게 얼굴(감정)이 보이는 아바타를 가상공간에 도입한다면, 새로운 사회의 가능성이 열릴지도 모르겠습니다.

문화
기업과 고객의 새로운 관계란?

현재 인기 있는 브랜드의 비밀을 파헤쳐 보면, 미래에 대한 약속을 지키는 것에 더해 문화생활을 활성화하는 것도 중요하게 여긴다는 점을 알 수 있습니다. 기업이 활발한 커뮤니티를 구축하고, 활기 넘치면서도 좋은 바이브를 만들기 위해서는 '문화'가 매우 중요한 요소로 작용합니다.

앞서 룰루레몬이 개최한 '스웨트라이프' 행사에 참가했던 이야기를 했었습니다. 룰루레몬은 스포츠웨어 기능을 제공하는 것뿐만 아니라, 요가라고 하는 문화에 공헌했기 때문에 사람들과 지속적인 관계를 유지할 수 있었습니다. 만약 스포츠웨어만 판매하는 데 그쳤다면 이 정도로 거대한 브랜드가 되지는 못했을 것입니다. 그래서 룰루레몬은 문화의 성립과 역사, 그에 관련된 사람들의 생각에 대해 겸허한 태도를 지녀야만 합니다. 특히 문화 도용은 절대 해서는 안 될 일입니다.

기업이 문화를 충분히 이해하지 못한 상태로 얼토당토않은 일을 벌이게 되면 비판받을 가능성이 크지만, 반대로 성의를 가지고 진행한다면 그에 따르는 이점도 클 것입니다. 문화를 바탕으로 고객과 커뮤니케이션하는 것은 경제 논리나 이해타산을 넘어선 '사람과 사람', '사람과 브랜드'의 연결 관계를 만들어내기 때문입니다. 문화를 매개로 할 때 비로소 커뮤니티에 생동감이 넘치게 됩니다. 단순히 소비하는 것만으로 구성된 공간은 시시하게 느껴지는 것처럼, 문화가 없는 곳에는 사람이 모이지 않습니다.

사람은 문화에 모인다

기업의 경우에도 독특한 기업 문화를 가지고 있는 회사라면 사람이 모여듭니다. 컴퓨터의 역사를 생각해 보아도 마찬가지입니다. "계속 갈망하고 겸손하라(Stay hungry, Stay foolish)."라는 명언으로 유명한 스티브 잡스 그리고 그 원전으로 유명한 잡지 〈홀 어스 카탈로그(Whole Earth Catalogue)〉의 편집자 스튜어트 브랜드. 그들은 본래 히피(탈사회적)한 사람들이라는 공통점이 있습니다.

미국 동부 해안의 '보수적'인 사람들이 개발한 중앙 집권형 대형 컴퓨터에 '카운터'를 날리려는 목적으로 카운터 문화의 중심지, 서해안의 히피들이 개인용 퍼스널 컴퓨터를 만들었다는 사실은 널리 알려진 이야기입니다.

현재 독일 베를린이나 미국 오스틴 등의 도시에 스타트업 기업들이 많이 모여 있는 것 역시 클럽이나 라이브 하우스, 주변의 바 그리고 크리에이티브 커뮤니티와 같은 매력적인 문화가 있기 때문입니다. 엔지니어들 또한 업무를 마친 후 즐길 공간이 있는 도시에 거주하고 싶어 합니다.

2003년 클라우스 보베라이트 당시 베를린 시장은 "베를린은 가난한 도시이지만 섹시하다."라는 발언을 했습니다. 물론 클럽 문화처럼 젊은이들을 매혹하는 문화도 있지만, 그보다도 행정 차원에서 전략적으로 이러한 '문화적 매력'을 도시 레벨로 승화하려 노력하고 있다는 사실을 베를린 방문을 통해 알 수 있었습니다.

베를린에는 '베를린 클럽 커미션'이라는 밤 문화 관계자로 구성된 단체가 있으며, 베를린 행정부와 함께 이를 실현하고자 노력을 기울이고 있습니다. 여담이지만 베를린의 행정관들은 젊은 시절에 클럽 문화를 즐겼던 사람이 많아 소통이 원활하다고 합니다.

솔직히 말해 아무런 준비도 없이 어느 날 갑자기 스타트업 기업들을 대뜸 유치하려 한다면 아무도 오지 않을 것입니다.(※42) 하지만 위의 사례처럼 꾸준히 진행한 결과, 지금 베를린에는 흥미로운 스타트업 회사들이 여럿 모여들게 되었습니다.

문화는 사람들이 모이도록 강한 동기를 부여하며, 사람들의 마음을 붙잡습니다. 기업 역시 문화에 대해 겸허하게 지원하는 자세를 취할 수 있다면 고객들과 바이브를 공유할 수 있게 됩니다. 문화와 관련된 사람들과 신뢰를 맺기 위해서는 시간이 걸리며, 쉬운 일이 아닐 수 있지만 향후 기업의 브랜드 활동을 고려한다면 문화는 대단히 중요한 전략이 될 것입니다.

화제를 잠시 바꿔, 여러분은 튀르키예가 지금 '게임 업계의 실리콘밸리'라고 불리는 것을 알고 있습니까? 지금 튀르키예에는 온라인게임 회사의 성장이 두드러지게 나타나고 있으며, 유니콘 기업도 몇 군데 탄생했다고 합니다. 이러한 성장을 보일 수 있었던 데는 우수한 젊은이들의 등장과 자금 조달 구조가 만들어진 것 이외에 다른 이유도 있습니다.

그 이유는 튀르키예의 국민들이 예전부터 백개먼(backgammon, 서양 주사위 놀이)이나 베지크(bezique), 도미노 같은 게임들을 즐겨왔던 '문화의 토양'이 있었기 때문입니다. '놀이'를 잘 알고 있는 사람들이 많기 때문에 산업이 발달하고, 그것이 디지털 플랫폼을 통해 세계로 전파되어 나갑니다. 플랫폼이 문화를 만드는 것이 아니라 문화가 플랫폼(이라고 하는 비즈니스)에 편승한다는 의미가 더 큽니다.(※43)

일본에서도 시부야의 도큐 분카무라(東急文化村) 부근에 재개발이 진행되고 있습니다.(※44) '분카무라(문화마을)'라는 네이밍이 참으로 절묘합니다. 시부야에 거주하는 시민의 한 사람으로서 '뚜껑을 열어봤더니 문화마을이 아니라 자본마을이더라'라는 결말로 끝나지 않기를 기원합니다.

팬들을 가둬두려고 하는 기업의 팬이 되고 싶으십니까?

브랜드가 중심이 된 '팬 마케팅'이나 '팬 베이스'라는 표현이 마케터들 사이에서 흔히 사용됩니다. 그러나 저는 사실 기호품이나 자동차, 의류 사업이라면 또 모를까, 일반적인 기업 그 자체 또는 특정 생활용품의 팬이 되기는 쉽지 않은 일이라고 생각합니다. 특정 휴지 애호가가 되었다거나, 특정 세제 팬이 되었다거나, 특정 브랜드 바나나 마니아가 되었다거나 하는 것은 솔직히 말해 찾기 어려운 사례일 것입니다.

마케터들 중에 종종 안이하게 '팬이 빠져나가지 못하게 하는 방법'을 제안하는 사람들이 있는데 저는 개인적으로 그렇게 '가둬두려 하는 기업'의 팬이 되고 싶지는 않다는 생각이 듭니다. 기업 측은 필사적으로 팬들을 가둬두려고 할지 모르지만, 소비자의 입장에서는 '강요한다고 팬이 될 수 있나'라는 생각이 먼저 들 것입니다.

다만 제품과 고객을 직접 연결해 팬을 만들기는 어려워도, 고객과 문화와 브랜드, 이렇게 세 분야가 교차하는 접점을 찾아낸다면 팬을 늘릴 수 있으리라 생각합니다. 아무도 관심을 보이지 않는 정체불명의 온드 미디어(owned media, 조직이 자체적으로 보유한 미디어)를 만들기보다는, 먼저 맥락을 구상하고 스포츠나 엔터테인먼트 또는 취미 분야에 '문화 투자'를 하는 편이 브랜드 수립에 더 좋습니다.

예를 들어 저는 마루타이 라면을 꽤 좋아하는데, 일개 소비자로서 마루타이 라면 커뮤니티에 가입하고 싶다는 생각은 전혀 들지 않습니다. 마루타이 라면의 온드 미디어 역시 본 적이 없습니다. 하지만 조사를 해 보니 마루타이 라면은 조리법이 간단해서 등산객들에게 대단히 호평을 받고 있다고 합니다. 확실히 산에 올라가서 먹으면 정말 맛있을 것 같습니다. 그렇다면 마루타이 라면은 등산 커뮤니티나 미디어에 투자하는 것과 같은 '문화 전략'을 생각하면 좋을 것입니다.

마루타이 라면과 고객, 이렇게 둘이 마주하는 것이 아니라, 그곳에 '등산'이라고 하는 문화와 액티비티가 접목됨으로써 비로소 '사 달라고 권유해도 싫지 않게' 되고, 오히려 '마루타이 괜찮네'라는 생각이 들게 되는 것입니다.

문화를 통해 고객에게 무엇을 할 수 있는지를 생각하라

다시 말해 기업들도 문화를 통해서 지금까지와는 다른 형태로 팬들과 접촉할 가능성이 있는 것입니다. 예를 들어 휴지를 만드는 회사라면 삼림 보전 활동을 병행해 서스테이너빌리티(지속가능성)를 배우는 캠프를 운영하는 방법도 있습니다. 그렇게 하면 부모와 자녀들이 도심 외곽의 캠핑장에 깨끗한 화장실이 마련되어 있는 '고마움'을 느낄 수 있을지도 모릅니다.

물론 이는 어디까지나 하나의 예시에 지나지 않으며, 휴지라는 제품 그 자체로 팬을 만드는 것은 어려울지 모르지만 문화를 통해 연결된다면 자연스러운 맥락을 형성할 수 있을 것입니다.

이처럼 기업도 문화를 통해 비로소 공감을 받을 수 있게 됩니다. 다시 말하자면 '기업 고객'이 아니라, '기업 문화 팬'의 형태가 되는 것입니다. 무작정 광고를 보도록 강요하거나 활용도가 애매한 허울뿐인 포인트를 생색 내며 지급하는 것이 아니라, 소비자들이 선호하는 문화 활동을 기업이 지원하는 형태로 접근한다면 소비자들도 이에 기쁘게 호응할 것입니다.

실제로 레드불 마케팅의 경우, 익스트림 스포츠나 음악 클럽 이벤트 개최에 적극적으로 참여하는 것으로 유명합니다. 모 리포트에 따르면 레드불 마케팅팀에서는 외롭다고 느끼는 젊은 사람들이 대화를 할 기회를 얼마나 만들어줄 수 있는가 하는 점을 KPI(핵심성과지표)로 나타내었다고 합니다. 인지도를 얻는 것보다도 문화를 통해 사람들이 연결될 기회에 비중을 두는 전략입니다. 이벤트 회장에서 누군가와 대화를 나눌 수 있도록 레드불측이 지원한다면, 그러한 마케팅을 싫어할 사람은 없을 것입니다. 고전적이기는 하지만 앞으로는 마케팅을 위해 음악 페스티벌이나 스포츠 이벤트에 참가하는 것이 대단히 중요해질 것이라고 생각합니다.

비즈니스와 문화의 미묘한 관계

앞에서 언급한 것처럼 문화 착취로 룰루레몬이 문제가 되었듯이, 문화와 비즈니스는 물과 기름 같은 관계에 있습니다. 상황에 따라서는 반발을 일으키는 매우 민감한 관계인 것입니다.

최근 사례에서는 미국의 아티스트 ye가 아디다스와 논쟁을 벌인 사건이 있었습니다. ye는 아디다스 산하의 YEEZY라고 하는 브랜드를 프로듀싱하고 있었는데, 아디다스 경영진에 다양성이 없다는 이유로 자신을 아디다스 임원으로 채용해 줄 때까지 나이키 제품을 착용할 것이라고 선언했습니다. 아디다스 브랜드를 만든 장본인이 나이키를 응원하는 것 자체가 언어도단이라고 할 수 있습니다. 그러나 마케터로서는 깊이 생각해 보아야 할 사례입니다.(※45)

미국의 스트릿 패션 브랜드 슈프림(Supreme) 역시 일찍이 스케이트보더 커뮤니티 구성원들과의 사이에서 분쟁이 벌어졌습니다. 2017년 FW(가을겨울) 컬렉션에서 슈프림은 고급 브랜드인 루이비통과 컬래버레이션한 상품을 발표했는데, 이에 대해 '스트리트 문화에 대한 하이브랜드의 문화 착취'라는 비판이 집중되어 파문을 불러일으켰습니다.

확실히 지금까지 스케이트보드에 전혀 흥미를 보인 적이 없었던 하이브랜드에서 불쑥 컬래버레이션을 발표했기 때문에, 스케이트보드를 즐기던 사람의 입장에서는 위화감을 느끼는 것도 이해가 갑니다. 보더들은 슈프림 브랜드 측에 '왜 이런 컬래버레이션을 진행하는 것인가? 지금까지는 우리와 함께 하지 않았나'라고 브랜드로서의 입지에 대해 의문을 표했습니다.(※46)

다만 한편으로는 슈프림과 같은 비즈니스 분야의 브랜드가 스케이트보드 문화를 지탱하고 있었다는 측면도 일부 확인할 수 있습니다. 비즈니스와 문화는 항상 긴장과 협력관계 사이에서 요동치고 있습니다.

이러한 이유로 마케터가 커뮤니티가 지닌 문화를 충분히 이해하지 못한 채 화제성을 목적으로 안일한 컬래버레이션을 추진하는 것은 최악의 선택이라 하겠습니다. 서투르게 접근하면 '돈에 눈이 멀었다'는 말을 들으며 조롱당할 수 있습니다.(※47)

문화에 대한 존중과 리서치를 잊어서는 안 된다

스케이트보드에 관한 또 하나의 재미있는 사례가 있습니다. 런던에는 다양한 하이브랜드 물품을 취급하는 셀프리지(Selfridges)라는 노포 백화점이 있습니다.

최근에는 하이브랜드에서도 스트리트 문화의 트렌드를 반영한 캐주얼 라인을 출시하고 있기에, 셀프리지 역시 청년 고객층을 대상으로 해서 가능한 한 '잘나가는 젊은이들'이 매장에 방문토록 하는 것을 최대의 목표로 삼았습니다.

새로운 스타일의 브랜드를 취급하는 백화점으로서 '젊은 사람들을 매료시킬 수 있는 무엇인가'가 필요하다고 생각한 셀프리지는 매장 한쪽에 스케이트보드를 판매하는 매장을 운영해 고객들이 마음껏 살펴볼 수 있게 했습니다.(※48)

고급 백화점에 스케이트보드 매장이 입점해 있다는 것은 일본에서는 쉽게 상상할 수 없는 모습일 것입니다. 셀프리지 역시 초반에는 거센 비판에 직면했습니다. 슈프림과 마찬가지로 '대규모 자본이 스트리트 문화를 침략하고 있는 것이 아닌가'라는 목소리가 높았기 때문입니다. '스케이트보드는 마케팅 수단이 아니다'라는 불만 섞인 의견도 있었다고 합니다.

이러한 상황에서 셀프리지는 스케이트보더들에게 '여성 보더들도 마음 편히 연습할 수 있는 장소를 만들겠다'고 약속했고, 그 계획을 실천하기 위해 노력을 기울였습니다. 여성 보더들이 길에서 연습하다 보면 위험한 상황에 마주칠 가능성도 있습니다. 그런데 백화점 내부에 안전한 공간을 만들어 위험을 방지하게 된다면 결과적으로는 '문화에 공헌하는 것이 아닌가'라는 합의점을 통해 양측이 원만하게 타협에 이르게 되었습니다. 이는 백화점과 보더 당사자들이 직접 대화를 나눠서 실현할 수 있었던 좋은 해결 방법이었습니다. 단순히 '젊은 층의 문화를 도입해서 마케팅하자'라는 아이디어를 내고, 일방적으로 실시했다면 좋은 결과로 이어지지는 못했을 것입니다.

이처럼 마케팅에는 힘의 관계가 복잡하게 얽혀 있습니다. 비즈니스 측의 논리로 문화를 '지배'하려 하거나 '매수'하는 것처럼 보이면 그 브랜드는 끝입니다. 큰 반발을 받게 될 것이기 때문입니다. 공원이나 해변가의 명명권(naming rights)을 둘러싸고 종종 알력 상황이 발생하는 것과 같습니다.

앞으로 브랜드 계약을 계획하는 마케터라면 비즈니스적인 관점뿐만 아니라 자신들이 취급하는 브랜드가 어떤 문화와 접점을 가지고 있는지와 거기에 무엇을 공헌할 수 있는지를 고려할 필요가 있습니다.

최근에는 '인플루언서와 컬래버레이션' 한다는 표현이 자주 등장하는데, 인플루언서들이야말로 문화 쪽에 뿌리를 내리고 있는 사람이 많기 때문입니다. 인플루언서들의 배경까지 제대로 존중하고 이해하지 않는다면 부자연스럽고 흥미를 끌지 못하는 방법이 될 것이며, 인플루언서 본인에게도 마이너스가 될 수 있습니다. 저는 문화에 대한 이해와 리서치야말로 앞으로 대단히 중요해질 것이라 생각합니다.

소비자의 기업화
자신의 브랜드를 만들다

앞서 문화와 관련된 점을 이야기하면서 문화와 연관이 있는 인플루언서와 안일하게 제휴하는 위험성에 대해서 언급했습니다. 하지만 지금은 기업들이 인플루언서에게 제안을 하더라도 인플루언서가 조심스러워하거나, 경우에 따라서는 거절하기도 하는 시대가 되었습니다.

사실 인플루언서 마케팅은 자칫 잘못하면 아무에게도 득 될 것이 없는 구조라는 점이 명확해지고 있습니다. 어떤 인플루언서가 모 회사의 홍보 안건을 수락한 경우, 팬들 입장에서는 '저 인플루언서는 신뢰할 수 있는 사람이었는데 돈을 우선하기 시작했다'라고 생각할 수 있습니다. 그리고 인플루언서 본인은 '팬들이 있어서 비로소 지금의 내가 있는 건데 팬들이 떠나가 버릴 행동을 했구나' 하고 느끼게 되며, 기업 역시도 팬들이 '내가 좋아하는 인플루언서를 돈으로 산 기업'이라고 생각하기 때문에 결국 미움을 받게 됩니다.

특히 스텔스 마케팅(뒷광고)인 것이 들통났을 경우, 최악의 상황으로 치달을 위험성이 큽니다. 유튜버 덴치무(하시모토 덴카)가 수면 시에 착용하는 브래지어를 입어서 가슴이 커졌다고 말했는데, 사실은 가슴

확대 수술을 받았다는 것이 발각되어서 비난이 쇄도했습니다. 이렇게 되면 결국 당사자도, 팬들도, 기업도 그 누구에게도 좋을 것이 없습니다. 이 문제로 덴치무는 거액의 빚을 지게 되었고, 아마도 대단히 힘든 시간을 보냈을 것입니다.(※49)

물론 매스미디어 광고도 마찬가지이겠지만, 매스미디어 광고는 콘텐츠라는 프레임과 광고의 프레임이 명확히 구분되어 있기 때문에 광고 규칙에 따라 방영하면 문제가 없습니다. 그러나 '제휴' 또는 '마치 기사 내용인 것처럼 광고를 게재'하는 것은 한없이 위험한 리스크를 안고 있습니다. 이러한 마케팅은 결국 득이 되지 않습니다.

이 점을 인플루언서들도 인식하기 시작했기 때문에 기업들의 제안을 거절하고 자체 브랜드를 론칭하는 경우가 증가하고 있습니다.

실리콘 밸리의 트렌드 '엔터프라이제이션 오브 더 컨슈머'

엔터프라이제이션 오브 더 컨슈머(enterprization of the consumers)라는 표현을 들어본 적이 있으십니까? 이 표현은 앤드리슨 호로위츠(Andreessen Horowitz)라고 하는 개성적인 벤처 캐피털(VC) 파트너가 사용하기 시작한 개념입니다.

앤드리슨 호로위츠는 VC 중에서 문화의 영향을 가장 많이 받았다는 점에서 독특합니다. 힙합계의 레전드 2PAC을 존경한다는 이유로 미국의 디지털 미디어 회사 랩지니어스(Rap Genius)에 투자하기도 하고,(※50) 일본의 무사도 역사를 열심히 연구해 그 지식을 투자 전략에 활용하기도 하는 등 대단히 특이한 VC입니다.

이 VC가 명명한 엔터프라이제이션 오브 더 컨슈머라는 투자 테마가 몇 년 전부터 실리콘밸리의 트렌드 워드가 되었습니다. 이 단어는 '소비자를 기업가로 만든다'라는 의미를 담고 있습니다. 최근 인스타그램이나 유튜브에서 점차 인기를 끌고 있는 사람들이 자신의 브랜드를 론칭하고, 상품을 만들어서 판매하는 움직임이 여기저기서 등장하기 시작했습니다. 광고 의뢰를 받는 것보다 브랜드를 론칭하는 편이 더 좋다고 생각하기 시작한 것입니다.

인플루언서 입장에서 생각해 보면 기업과 제휴해서 동영상을 만들고 업로드해 그때그때 프로모션 비용을 받는 것보다, 자기 브랜드를 만들고 키워 나가는 편이 비즈니스 측면에서도 더 안정적이기 때문입니다.

브랜드를 직접 운용할 수 있기 때문에 사업을 하는 보람도 있고, 신경 써서 더 좋은 상품을 만들 수도 있습니다. 팬들이 보기에도 아티스트가 자신의 돈으로 개발에 투자해 마음에 쏙 들게 만든 제품을 판매한다는 과정이 투명하게 보이기 때문에 해당 상품을 믿고 추천할 수 있습니다.

일본의 유튜버들도 의류나 메이크업 제품을 제작해서 수익화하는 경향을 보이고 있습니다. 유튜브 동영상에 삽입되는 광고 수익보다도 상품을 판매하는 편이 더 이익이라면 무리하게 광고 건을 받을 필요도, 애써 입소문을 낼 필요도 없는 것입니다.

'감동적인 코미디 애니메이션'을 방영하는 마리마리마리의 유튜브 채널에서 최근 여러 제품을 판매하기 시작했는데, 저도 티셔츠를 사보려 시도했지만 항상 품절이었습니다.(※51) 그만큼 확실한 구매층이 존재한다는 얘기가 되겠지요.

새로운 에코 시스템이 등장했다

인플루언서들이 '자기 브랜드'를 론칭하기 시작하자, 이번에는 인플루언서를 위한 OEM 제품을 만드는 하청 기업들이 등장하기 시작했습니다. 브랜드를 론칭하려 할 때 높은 장벽이 되는 '제조' 부분을 모두 하청으로 줄 수 있는 것입니다. 이 에코 시스템(자연계의 생태계처럼 관련 기업이 협력하여 공생하는 시스템)까지 포함해 '엔터프라이제이션 오브 더 컨슈머'가 되는 것입니다.

이 분야에서 대표적인 회사로는 칼라(Cala)라는 의류 제조사가 있습니다.(※52) 칼라는 월 500달러 정도를 지불하면 이용할 수 있는 의류 제조 플랫폼입니다. 사용자들은 인터넷 브라우저를 통해 원하는 색상이나 모양의 후드나 바지, 가방을 본격적으로 제작할 수 있습니다. 이렇게 사용자들이 브라우저상에서 디자인한 아이디어를, 제휴 업체인 중국 선전(深圳)이나 뉴욕 등에 있는 전 세계 공장으로 발주하고 제조와 유통까지도 담당합니다.

인플루언서가 직접 디자인을 한 다음, 인스타그램 등에 '제가 만든 옷입니다! 많은 관심 부탁드려요! #love #thankyou #고마워요'라고 업로드하기만 하면 팬들이 해당 제품을 구매해 주기 때문에 수익을 창출할 수 있는 구조입니다. 직접 의류 브랜드를 설립하려 할 때 기존에 장벽으로 느껴졌던 난관들이 지금은 대부분 해결된 것입니다.

미국의 온라인 뷰티 판매사인 뷰토노미(Beautonomy)에서는 메이크업 컬러 팔레트를 직접 만들 수 있습니다.(※53) 이곳 역시 칼라와 마찬가지로 고객들이 손쉽게 직접 메이크업을 위한 팔레트를 만들 수 있기에 인플루언서는 직접 고안한 오리지널 상품을 팔로워들에게 판매할 수 있습니다. 수익은 매출에 따라 분배됩니다. 게임 분야에서도 '직접 만든 게임'을 판매할 수 있는 플랫폼이 등장했습니다. 자신이 만든 작품을 다른 사람과 공유하여 즐길 수 있는 플레이스테이션4용 게임 '드림즈 유니버스(Dreams Universe)'를 연상하면 이해하기 쉬울 것입니다.(※54)

예전에는 브랜드들이 제조에서 브랜딩, 유통까지 모든 것을 담당했습니다. 유니클로나 자라(ZARA)와 같은 SPA 브랜드는 '수직 통합'을 실현해 대규모 경제 능력을 등에 업고 거대화한 역사가 있습니다.

반면에 지금은 다시금 '수평 분업'화 되고 있다고 할 수 있습니다. IP(아이디어나 디자인)와 디스트리뷰션(제조와 유통)이 명확하게 분류되어 있는 것입니다. 인플루언서들이 아이디어를 내고 디자인해서 프로모션을 하는 작업을 담당하고, 칼라나 뷰토노미에서 지시대로 물건을 만든 다음, 유통망을 통해 고객들에게 전달합니다. 각각의 업무가 나누어지기 시작한 것입니다.

이 엔터프라이제이션 오브 더 컨슈머 서비스가 보급됨에 따라 많은 '소규모 기업가'들과 '자신의 브랜드를 가지고 있는 크리에이터'들이 계속해서 탄생하게 되었습니다. 이것이야말로 소비자의 기업가화라고 할 수 있습니다.

지금부터 의류 사업을 시작해 보려고 하더라도 유니클로만큼의 자본력과 기획력, 유통망이 없다면 이익을 창출할 수 없을 것 같지만, 영향력 있는 인플루언서와 함께 기획하고 프로모션과 제조를 분업화하면 틈새시장을 공략하면서 재미있는 제품을 만들 수 있을지도 모릅니다.

저는 앞으로도 브랜드 개발 분업화가 진행될 것이라고 생각합니다. 그리고 분업화가 진행되는 것은 기존 브랜드에 위협이 될 가능성이 있습니다. 성능이 중요한 분야에서는 막대한 연구 개발비를 투자하는 대기업이 유리할지도 모르지만, 의류와 같은 분야는 정말 뛰어나게 멋지거나 하이브랜드처럼 스토리텔링이 잘 되어 있지 않으면 '선택할 이유'를 찾기가 어려워질 것입니다.

이퍼머럴 마케팅
한정 판매로 인터넷상에 대기 행렬을 만들다

인플루언서들이 자신의 브랜드를 만들기 시작하고, '작은 기업가'가 탄생하고 있는 현상에 대해 조금 전에 이야기했습니다. 여기에서 중요한 것은 지금 수많은 Z세대 젊은이들이 취직하는 것보다 창업하는 것을 더 긍정적으로 생각한다는 사실입니다.

Z세대 사람들은 자신이 운 좋게 어느 회사에 취직했다 하더라도 수명이 점점 짧아지고 있는 현재 기업 스타일상, 같은 회사에서 오래 일하지는 못하리라 생각합니다. 그래서 회사에 취직하는 것보다 '자기 스스로 사업을 하는' 편을 지향하게 되는 것입니다. 더욱이 최근 10년간 창업을 하는 리스크도 많이 줄어들었습니다.

앞서 언급한 것처럼 인스타그램이나 쇼피파이처럼 저렴하게 사용할 수 있는 EC 서비스인 디팝(Depop)이나 스레드업(ThredUp), 일본의 경우에는 메루카리 같은 중고 매매 서비스가 활기를 띠고 있습니다. 이런 사례들 덕분에 '잘하면 나도 수익을 낼 수 있다'라고 생각하는 젊은 이들이 증가하는 것입니다. 다시 말해 SNS에서 영향력이 약간 있다면 손쉽게 수익을 창출할 수 있게 된 것입니다.

'판매를 전제로 구매'하는 새로운 구매 스타일

EC 서비스, 중고 매매 사이트가 활성화되면서 소비에도 변화가 일어나고 있습니다. 저는 앞서 Z세대 지인에게 최근 옷을 살 때 고려하는 점이 있는지 물어본 적이 있습니다. 그 지인은 "새로운 옷을 사긴 하는데, 일부러 택은 제거하지 않고 입고 있다."라고 답했습니다.

무슨 의미인지 바로 이해하신 분들도 계시리라 생각합니다. 택을 제거하지 않는 이유는 '메루카리에서 되팔 생각으로 구매'하기 때문입니다. 친구는 구매 가격과 재판매 가격의 '가격 차이'를 생각하면서 옷을 사고 있는 것 같았습니다. 조금 비싼 옷이라 하더라도 재판매 가격이 높은 편이면 '구매'하고, 적당한 금액의 옷이지만 재판매 가격이 얼마 되지 않으면 '구매하지 않는다'고 판단하는 것입니다. 소비에도 자산 운용 관점이 적용되고 있는 것입니다.

이와 같은 소비 활동의 변화를 통해 독특한 사례들이 등장했습니다. 예를 들어 스탁엑스(StockX)라는 스니커즈 거래 사이트가 있습니다. 스탁엑스는 기본적으로 스니커즈를 판매하거나 구매할 수 있는 플랫폼이지만 계정 화면은 마치 '증권 계좌'를 관리하는 화면처럼 디자인되어 있습니다.(※55)

관리 화면에서는 자신이 가지고 있는 스니커즈의 자산 가치를 시계열로 확인할 수 있게 되어 있고, 매일 가격이 변동하는 양상을 확인할 수 있습니다. 매매 실적이나 포트폴리오가 정리되어 있으며, 스니커즈가 마치 증권처럼 자산 운용 대상이 되어 있습니다.

정말 주식과도 같은 느낌인데, 이러한 점 때문에 Z세대 사이에서 폭발적인 인기를 끌고 있습니다. 론칭한 지 겨우 3년 만에 1,000만 명의 사용자를 확보했으며, 연간 성장률은 200퍼센트나 된다고 합니다.

브랜드를 구매하는 것을 '자산 운용' 관점으로 치환해 보면 무슨 일이 발생할 것 같습니까? 결과적으로 온라인에서 '누구나 구매할 수 있는' 상품은 가치가 하락하고, '좀처럼 손에 넣을 수 없는 레어한 상품'의 가치가 상승하게 됩니다.

인터넷 쇼핑의 장점은 '누구든, 언제나, 어디에서든 같은 가격으로' 물건을 구매할 수 있다는 점이라고 생각합니다. 아마존이 구현하는 세상이 바로 그러합니다. 그렇지만 의류 브랜드들 중에서 스탁엑스와 같은 플랫폼에서 구매 또는 판매하는 것을 전제로 하면, '많은 사람들이 탐낼 것 같으면서 손에 넣기는 쉽지 않은 제품'의 가치가 높아지는 것입니다. 이 인사이트를 잘 파악해서 성공을 거둔 서비스로 NTWRK라는 라이브 커머스 플랫폼이 있습니다.

NTWRK는 텔레비전의 홈쇼핑 채널과 구성이 비슷합니다. 하지만 프로그램 내용은 일본의 홈쇼핑 채널과 꽤 차이가 있는데, 스트리트 문화의 재미있는 점을 적용한 매우 스타일리시한 프로그램을 방송한다는 점입니다.

이 라이브 커머스 플랫폼이 가진 독특한 점은 매주 수요일에만 실시간으로 라이브를 한다는 것입니다. 정해진 방송일, 정해진 시간에만 스니커즈와 같은 제품의 한정 상품을 판매합니다. 다시 말해 항상 구

매할 수 없다는 점이 기존 인터넷 쇼핑과 다른 점입니다.(※56)

NTWRK 프로그램은 기본적으로 각 분야의 유명인과 유명한 스니커즈 브랜드의 한정 컬래버레이션 상품을 소개하도록 구성되어 있습니다. 예를 들어 나이키와 유명 디자이너 제프 스테이플(Jeff Staple)이 컬래버레이션한 스니커즈는 무려 10초 만에 2만 켤레 이상 판매되었다고 합니다.

유명 인사와 컬래버레이션한 상품을 판매할 때는 마치 전쟁터를 방불케 합니다. '지금이 아니면 살 수 없다'라고 한정 판매 제품임을 강조하기 때문에, 온라인상에 구매 대기열이 늘어서게 되는 것입니다. 덧붙여 말하자면 이 제프 스테이플 컬래버레이션 나이키 스니커즈의 가격을 스탁엑스에서 찾아보니 684만 5,200엔에 거래되고 있었습니다.

이퍼머럴 마케팅, 드롭 컬처

NTWRK가 잘 되는 이유 중 하나는 '여기에서 기획하는 건 틀림이 없다'라는 어마어마한 존재감을 과시하고 있기 때문입니다. 인터넷 덕분에 정보가 어디에나 흘러넘치게 되자, 오히려 결국은 좋은 물건을 어디에서 판매하는지 찾기 힘들어지게 되었습니다. 그런데 NTWRK에서는 정해진 시간 동안만 한정 판매되는 '확실한' 컬래버레이션 상품을 판매합니다. 구매자들은 인터넷에서 이 사이트의 상품만 확보해 두면 틀림없다고 굳게 믿게 됩니다. 그 결과 '주목'을 받는 데 성공했습니다. 되파는 행위가 좋은지 나쁜지와는 별개로, 스탁엑스에서 고가로 거래되는 것입니다.

마케팅 업계에서는 이러한 방법을 이퍼머럴 마케팅(덧없게 사라지는 마케팅) 또는 드롭 컬처라고 부릅니다. 이퍼머럴 마케팅은 문자 그대로 '지금 여기에서밖에 살 수 없는' 한정 판매라는 점을 강조해 소비자들을 유혹하는 방법을 의미합니다.

한편 드롭 컬처는 원래 1980년대부터 하이브랜드에서 한정품을 발매할 때 사용한 표현입니다. 이것이 2010년대에 들어오면서 슈프림이나 베이프(Bape) 같은 브랜드들에서 이 단어를 더욱 세련되게 사용했다고 알려져 있습니다.

또한 일본 한정이긴 합니다만 최근 음악 업계에서 신곡을 발매할 때 드롭이라는 표현을 사용하고 있습니다. 예전에는 음반 가게에 CD가 전시되는 시점부터 신곡이 릴리스되었다고 표현했지만, 지금은 신곡이 발표되면 SNS상에 애플 뮤직이나 스포티파이, 밴드 캠프 링크 등을 첨부하면서 드롭이라고 표현합니다.

이렇게 생각해 보면 음악 신곡을 발매하는 것과 의류 한정 상품을 발표하는 방법이 정말 비슷하다는 생각이 듭니다. 이 드롭 컬처를 실천하는 사례로 버버리를 들 수 있습니다. 조금 의외이기는 하지만 버버리에는 B 시리즈라고 하는 라인이 있는데, 매월 17일에만 버버리 한정 제품을 인터넷에서 판매합니다.

의류 업계에는 시즌마다 '올해의 신작' 컬렉션 발표와 더불어 해당 제품들을 매장에 진열하는 오래된 '규칙'이 있습니다. 그러나 버버리의 B 시리즈는 이 규칙을 무시하고 '언제든 팔로워를 위해 신작을 발표한다'는 형식을 취한 것입니다. 지금까지 패션 업계가 선도해 온 '시즌'과는 전혀 관계가 없으며, 해당 브랜드의 팬들만을 위한 마케팅이라는 점이 대단히 독특합니다.(※57)

덧붙여, 앞서 언급한 NTWRK는 음악 업계와 친밀한 관계에 있기에 래퍼 드레이크나 라이브 제작 회사인 라이브네이션에서도 투자를 하고 있다고 합니다. 한 포브스 기자는 라이브네이션이 NTWRK에 투자하는 것은 현명한 전략이었다고 평했습니다.(※58) 그 기자는 아티스트 매니징팀이 NTWRK과 공동으로 티켓 상품을 연동한 기획을 하고, 아티스트 굿즈를 '판매하는 장소'로 활용하는 것으로 새로운 기회가 펼쳐질 수 있다고 예상했습니다. 여기에서도 문화의 중요성을 느낄 수 있습니다.

미국의 유명한 아티스트들은 스타트업에 투자를 활발하게 하고 있어서 역동적인 사업가의 면모도 볼 수 있습니다. 드레이크나 제이-Z 등이 대표적입니다. 찬스 더 래퍼(Chance the Rapper)는 시카고의 신문사를 사들이기까지 했습니다. 그에 비하면 일본 아티스트들은 스타트업 사업에 활발하게 투자를 하고 있지는 않은 것 같습니다. 오히려 일본은 엔터테인먼트 산업과 스타트업 문화가 매우 멀리 떨어져 있는 느낌이 듭니다. 이것도 나라별 특색이라 할 수 있을까요.

승자 포용

독점의 강함에서 귀를 기울이는 다정함으로

소프트웨어 업계에는 '승자 독식(Winner takes all)'이라는 표현이 있습니다. 이 문장은 말 그대로 웹 검색 결과에 등장하는 리스트 중에서 상위의 한 회사만이 살아남아 모든 이익을 독식하기 때문에 다른 회사들은 전멸하는 상태를 가리킬 때 사용하는 표현입니다. 검색 엔진 분야에서는 구글, 인터넷 쇼핑에서는 아마존, 업무용 OS는 마이크로소프트처럼 각 분야에서 압도적으로 1위를 달리는 기업이 모든 것을 가져간다는 의미입니다.

그러나 저는 앞으로의 시대는 아마도 '승자 포용(Winner includes all)'으로 바뀌지 않을까 생각합니다. 다시 말해 여러 사람의 다양한 가치관을 받아들이고, 전혀 다른 발상을 끌어내는 플랫폼이나 에코 시스템을 만들어야 한다고 생각합니다.

새로운 시대의 승자는 모든 것을 빼앗고 일원화하는 것이 아니라, 다양한 사람들이 자율적으로 분산되면서도 서로 협조할 수 있어야 합니다. 그렇게 하려면 포섭성이 높은 서비스를 제공하는 사람이 새로운 '승자'가 되어야 할 것입니다. 다양한 사람들이 흥미로운 아이디어를 내고, 실험할 수 있는 환경을 만드는 것이 '매력적'인 사회로 이어지리라 생각합니다.

지역 문화에 존중을 표하는 빅 브랜드

월마트나 아마존, 구글처럼 한 회사의 자본이나 플랫폼이 다른 가게나 개인을 불도저처럼 쓰러트리고 지나가는 것이 아니라, 다양한 지역에서 독특하게 자율 분산 및 협조적으로 존재할 수 있게 하는 '마켓'을 지향하는 움직임이 등장하고 있습니다.

예를 들어 아디다스는 누구나 알고 있는 유명 브랜드이지만, 최근에는 지역 문화에 경의를 표현하는 방안을 실시하고 있습니다. 90년대에 존재한 'Tony's'라고 하는 런던의 전설적인 스니커즈 가게를 부활시

키는 팝업 이벤트를 실시한 것입니다.(※59)

이와 같은 활동은 다양한 브랜드들에서도 시행되고 있습니다. 스케이트보드 스니커즈로 잘 알려진 반스(Vans) 역시 각 도시에 있는 플래그십 스토어를 완전히 리뉴얼해서 제품을 판매하는 방법뿐만 아니라, 해당 지역의 크리에이터가 사용하는 스튜디오를 설치해서 '지역 문화'를 알리는 거점으로 삼으려 하고 있습니다.

실제로 여러 나라의 반스 플래그십 스토어에서는 평일 오전 11시부터 오후 8시까지 라이브 퍼포먼스 워크숍, 토크 프로그램을 방송하며, 금요일 저녁에는 라이브 음악이나 댄스 중심의 DJ 세트를 방송하고 있습니다. 스튜디오는 브루클린의 'The General', 시카고의 'House of Vans', 로스앤젤레스의 중심지에 있는 'Vans DTLA' 등, 반스가 소유하고 있는 플래그십 스토어 공간에 설치되었습니다. 특히 로스앤젤레스 플래그십 스토어에서는 다양한 뮤지션들과 운동선수들의 관점에서 현지 생활을 돌아보는 콘텐츠가 인기라고 합니다. 또한 현지의 스케이트 매장, 레스토랑, 음악회장, 독립 레코드 레이블과 컬래버레이션하기를 희망하고 있습니다.(※60)

나이키도 '나이키 유나이트(Nike Unite)'라는 프로젝트를 시작했습니다. 지금까지 나이키는 주로 유명 운동선수들과 앰버서더 계약을 하고, 전 세계에 나이키의 세계관을 알리는 커뮤니케이션 방식을 채택했습니다. 하지만 이 나이키 유나이트 프로젝트는 세계적으로 이름이 알려진 유명 운동선수들을 광고에 기용한 것이 아니라, 해당 지역에 거주하고 있는 운동선수를 칭송하는 콘셉트를 기획해 각 지역에 맞는 매장을 만들기 위해 노력하고 있습니다.

예를 들어 아시아 최초의 나이키 유나이트 매장인 경기도 남양주 지점에서는 해당 지역의 운동선수를 앰버서더로 기용하거나 스포츠 역사를 정리한 콘텐츠를 전시하기도 하고, 지역의 시공 회사와 계약해 매장 내부를 인테리어하기도 했습니다.(※61) 본사의 강력한 '헤드 쿼터'에서 지역 매장으로 권한을 이양한 것입니다.

마케팅 업계에서는 이러한 움직임을 '플래그십 스토어에서 게이트웨이 스토어로' 전환했다고 표현하기도 합니다. 소비자들에게는 지역 매장이야말로 게이트웨이가 되는 것입니다. 어느 경우이든 다양성을 고려해서 지역다움을 살리는 것이 중요한 기점이 될 것입니다.

지역 커뮤니티를 통해서 다양성이 생긴다

《지역 경제의 재창조》(이와나미 서점 출판, 에다히로 준코 지음)라는 책이 있습니다. 이 책은 지역의 돈이 '대기업'이나 '해외 플랫폼' 등을 통해 지역 밖으로 점차 유출되는 상황의 문제점을 알기 쉽게 설명하고 있습니다.(※62)

제 고향 미야자키현 휴가시를 무대로 예를 들어 보겠습니다. 휴가에 거주하는 시민이라면 전기를 쓸 때 기본적으로 규슈전력을 이용할 것입니다. 그렇다면 돈은 미야자키에서 규슈전력 본사가 있는 후쿠오카로 흘러갑니다. 같은 방식으로 편의점 세븐일레븐을 이용하면 세븐일레븐 본사인 도쿄로 돈이 흘러갑니다. 만약 우버를 이용하면 미국으로 돈이 흘러가는 것입니다.

그러면 지역 내에서 사용한 돈이 일단 지역 내부에서 '외부'로 전부 흘러갑니다. 이런 사이클이 반복되다 보면 지역 내부에서는 돈이 거의 돌지 않게 되는 것입니다. 이 책에서는 어떻게 하면 지역 내에서 돈을 계속 순환시킬 수 있을지에 대한 여러 가지 성공 사례들을 소개하고 있습니다.

GAFAM처럼 압도적으로 강력한 서비스가 있다면 분명 경제 효율성은 높을 것입니다. 그러나 저는 가능하면 지역 내에서 돈이 순환할 수 있는 방법을 마련하는 것이 '다양성' 추구와 관련된 중요한 점이라고 생각합니다.

저는 코로나가 발생하기 전까지 매년 텍사스주 오스틴에서 열리는 SXSW 콘퍼런스에 참석했습니다. 물론 오스틴에서도 우버를 사용할 수는 있지만, 사실 오스틴 시민 중 많은 사람들은 우버가 아니라 라이드 오스틴(Ride Austin)이라고 하는 비영리 단체에서 운영하는 카풀 애플리케이션을 사용하고 있었습니다. 이 서비스의 특징은 이용할 때 지불하는 팁을 오스틴 시내에서 활동하는 NPO와 같은 조직들을 지원하는 데 사용한다는 점입니다.(※63)

애플리케이션 중에는 환경이나 다양성을 위한 활동 등 다양한 테마의 활동이 카테고리로 분류되어 있고, 소개되어 있습니다. 그리고 팁은 '환경'이나 '젠더'와 같은 테마를 선택한 다음 지불하는 방식입니다. 그렇게 해서 오스틴 시내에서 사회적인 활동을 하는 단체에도 돈이 순환할 수 있게 되는 것입니다.

저는 이 구조가 정말 현명한 방법이라고 생각했습니다. '지역에서 사용할 수 있는' 서비스가 있다면 구태여 우버라는 글로벌 플랫폼을 이용할 필요가 없을 것입니다. 지혜를 모아서 지역 경제나 사회에 환원할 수 있는 방법을 스스로 개발해 나가는 것이 중요합니다.

격차와 혐오

소비로 미래를 만들어 나가려 하는 사람들

'어떤 거대한 자본이 우리에게서 모든 것을 빼앗고, 뿌리째 파괴해 버린다'는 점에 대한 반발이 특정 지역에 국한되지 않고 젊은 세대를 중심으로 광범위하게 퍼져나가고 있는 것 같습니다.

일론 머스크는 한쪽에서는 Z세대의 스타라고 추앙받지만, SNS에서는 '노동자를 착취하다니 까불지 마라'와 같은 과격한 표현들로 집중 공격의 대상도 되고 있습니다. 셀러브리티들도 SNS에서 상품을 소개할 때 실수로 아마존 링크를 달고 소개를 하면 '아마존 같은 플랫폼을 소개하지 마라'라고 반대하는 댓글들이 줄지어 달립니다.

'월가를 점거하라'는 아큐파이(점거) 운동도 그렇고 구글 사원 전용 통근 버스에 돌을 던지는 사람들이 있다는 점(※64)이나, '안티 구글 카페'라는 기묘한 카페가 존재한다는 사실도 우리로 하여금 생각을 해 보게 만듭니다.(※65) 또한 조금 당황스러울 정도의 일도 있었는데, 최근에 틱톡에서 '마르크스'의 책을 '홍보'하려고 하는 사람들까지도 있었습니다.(※66)

그러면 소수의 부유한 계층이 대부분의 부를 독점하고 있는 것에 대한 '반발'이 매우 고조되고 있는 상황에 대해 마케터로서 어떻게 생각하면 좋을까요.

자본주의 아래에서 자유 경쟁을 아무런 규제 없이 그대로 방치해 두면 마치 어떤 식의 '자연의 섭리'인 것마냥 압도적인 승자들이 등장해버립니다. '자유 경쟁'을 방임하면, 당연한 결과일지도 모르겠지만 사람들은 지금처럼 격차가 있는 사회에 대해 '지나치다'라고 느끼게 됩니다. 지금은 그러한 상황이 쌓이고 쌓여 사람들의 인내가 한계에 도달한 상황이 아닐까 하는 생각이 듭니다.

제 견해는 뭐든 극단적인 것은 좋지 않다는 입장입니다. 그러나 앞으로의 마케팅은 '모두가 동경하는 삶'을 몽글몽글하게 그려내기보다는 현실적인 '격차'나 '분석', '고독', '승인'과 '절망'과 같은 무거운 주제에 대해서도 상상력과 구체적인 방안을 가지고 있어야 한다고 생각합니다. 물론 제법 어두운 이야기가 대두될 것입니다.

지금의 일본 경제 정책과 관련해서도 '성장'을 택할 것인지, '평등'을 택할 것인지 결론이 나지 않은 채 똑같은 의논만 반복하고 있습니다. 그럴 만큼 격차나 분석 문제가 어떻게 할 수 없을 정도에까지 다다랐다는 뜻일 것입니다. 어느 쪽이든 균형을 잡는 방법밖에는 없다고 생각합니다.

사람들은 바보 취급당했다고 생각하는 순간 분노를 느낀다

최근 일어났던 일 중에 '다같이' 주식을 구매해서 미국의 펀드 회사에서 '공매'를 하려던 행위를 막아 낸 사례가 있습니다.

미국의 어느 대기업 펀드 회사에서 게임스탑이라고 하는 회사의 비즈니스는 시대의 흐름에 뒤처졌기 때문에 향후 주가가 떨어질 것이라고 예측했습니다. 그래서 소위 말하는 공매를 계획해 주식을 폭락시켜 이익을 취하려고 한 적이 있습니다.

주식을 잘 아는 사람에게는 별다른 설명이 필요하지 않겠지만 주식에는 주가가 상승해서 이익이 발생하는 것뿐만 아니라, '하락할 것을 예측해서' 거래를 하는 공매라는 수법이 있습니다. 사실 주식이란 폭락하면 할수록 엄청난 이익을 취하는 사람이 나오는 세계입니다.

원래 이야기로 돌아가 보겠습니다. 그 대기업 펀드 측에서 비밀리에 공매하려고 계획한 것을 알게 된 일반 게임 유저들이 '우리의 추억이 담긴 게임스탑의 주가를 폭락시키려 하는 펀드는 용서할 수 없다'라고 SNS에서 의견을 모은 다음, 일제히 게임스탑의 주식을 구매하는 '활동'을 시작했습니다.

개개인의 영향력은 크지 않지만, 모두가 단결하자 큰 힘을 발휘했습니다. 결과적으로 주가는 오히려 폭등해서 펀드는 몇 백억이나 되는 적자를 기록했습니다. 사람들은 감정적으로 '용서하지 못하는' 부분이 있고 그곳에 불이 붙으면 일제히 행동을 취합니다.

물론 옛날부터 노동 운동이나 사회 운동과 같은 시민운동은 존재했습니다. 그리고 지금은 '소비(자) 운동', '소비 액티비즘'과 같은 형태의 운동이 일어나고 있는 것입니다.

교육

프로모션보다는 에듀케이션을

지금은 브랜드가 어떤 모습으로 존재해야 하는지를 고려한 다음, 고객과 함께 배우고 성장해 나가려는 커뮤니티를 만드는 것이 대단히 중요한 활동이 되었습니다.

최근 브랜드들은 눈앞의 이익을 확보하기 위해 프로모션을 실시하고 고객을 '긁어모으는' 발상만 가지고는 밑빠진 독에 물을 붓는 네거티브 제로섬 게임처럼 되어버린다는 것을 깨닫기 시작했습니다. '오로지 일방적으로 팔아 치우기만' 하는 데에 본질적인 한계를 느끼기 시작한 것입니다.

그래서 고객에 대해 프로모션만 하는 것이 아니라, 함께 배우고 성장해나가는 관계를 만들고자 하는 기업들이 증가하고 있습니다. 그러한 시도 중 하나로 브랜드에서 독자적인 교육 프로그램을 개발하는 것을 들 수 있습니다. 예를 들어 알렉산더 맥퀸(Alexander McQueen)이라고 하는 영국의 고급 패션 브랜드가 있습니다. 이 회사는 2019년에 런던에 있는 플래그십 스토어를 지금까지와는 전혀 다른 콘셉트로 변경했습니다.

일반적으로 고급 패션 브랜드 건물의 가장 높은 층에는 VIP를 위해 서비스를 제공하는 전용 장소가 마련되어 있습니다. 그런데 알렉산더 맥퀸 신규 매장에서는 최상층에 차세대 패션 디자이너가 되고 싶어하는 사람들을 위한 '교실'을 마련했습니다.

내부 인테리어 역시 브랜드의 크리에이티브 스튜디오를 실제로 본떠서 만들었으며, 맥퀸이나 현 크리에이티브 디렉터인 사라 버튼의 아카이브 작품을 전시해 두었습니다.

저도 실제로 견학을 위해 방문한 적이 있는데, 흡사 미대의 텍스타일 학과 사람들이 사용하는 작업실처럼 느껴졌습니다. 그 교실 여기저기에는 아이디어를 기록해둔 메모도 있었고, 브랜드의 작업 프로세스를 깊이 파고든 전시품들이 있었습니다. 그리고 그곳에서 양복이 어떠한 방법으로 만들어지는지 체감할 수 있었습니다.

이 교실에서는 단순히 전시하는 것뿐만 아니라 정기적으로 프로 디자이너를 초청해 무료 토킹 클래스를 개설하기도 하고, 워크숍도 개최한다고 합니다. 디자이너가 되고 싶은 꿈을 가지고 있는 사람들을 가슴 설레게 만드는 장소라는 생각이 들었습니다.

다시 말해 젊은 사람들에게는 '사게 만드는' 것이 아니라 '이 업계에 관심을 가지게 만드는' 형태로 교육을 실시합니다. 이를 통해서 알렉산더 맥퀸 측은 고객과 장기적인 관계를 구축해나가고자 하는 것입니다. 대단히 먼 미래까지 생각하는 브랜딩입니다.

코로나 이후에는 이 플래그십 스토어에 실제 전시를 하지 않게 되었지만, 그 대신 알렉산더 맥퀸의 공식 인스타그램 계정을 통해 좋은 아이디어를 가지고 있는 젊은 디자이너들의 작품을 '소개'하기 시작했습니다. SNS를 통해 젊은 사람들이 업계에서 일할 수 있는 기회를 잡을 수 있게 적극적으로 돕고 있는 것입니다.

프로모션이 아니라 에듀케이션을 실시하면, 장기적으로는 패션 계통의 일을 하고 싶어 하는 젊은 사람들의 마음을 사로잡을 수 있습니다. 이런 활동을 통해서 산업 자체에 우수한 인재들이 모여들고, 패션에 관련된 종사자들이 늘어나기 때문에 결과적으로는 업계가 계속 빛날 수 있게 되는 것입니다.

지금은 어느 업계나 우수한 젊은 사람들을 확보하기 위한 경쟁이 치열합니다. 패션 업계는 대단히 흥미로운 장소라거나, 꿈이 이루어지는 장소라고 제대로 교육하는 것이야말로 해당 브랜드를 좋아하게 만드는 측면에서도 그렇고, 업계의 미래를 밝히는 측면에서도 중요해졌습니다.

젊은 사람들 역시 만약 디자이너가 되지는 못했다 하더라도 알렉산더 맥퀸에 대한 존경심을 계속 가질 것이며, '나중에 돈을 벌면 여기서 옷을 사고 싶다'는 동경의 마음도 가지게 될 것입니다.

마찬가지로 구찌와 같은 브랜드를 보유한 그룹 케어링(kering) 역시 런던 칼리지 오브 패션이라고 하는 복식을 전문으로 하는 대학과 공동으로 패션 업계에 관한 지속가능성을 교육하는 온라인 강좌를 개발하고 있습니다.(※68) 최근 하이브랜드에서도 본격적으로 지속가능성에 대해 접근하고 있으며, '먼저 교육에서부터 시작해야 한다'라고 생각하고 있는 것입니다.

장기적 관점의 교육을 하는 '베스트 바이'

교육에 힘을 쏟는 점과 관련해서는 가전제품 판매회사인 베스트 바이의 활동이 매우 흥미롭습니다. 베스트 바이는 가난한 사람들이 많이 거주하는 지역에 '틴테크 센터(Teen Tech Center)'라고 이름 붙인 학교를 설립하고 그곳에 사는 10대 아이들에게 IT 기술이나 엔지니어링을 무료로 가르쳐줍니다. 그렇게 해서 그 아이들이 미래에 조금이라도 월급을 더 받을 수 있는 좋은 직업을 찾게 하기 위해 지원하는 것입니다.(※69)

아이들이 틴테크 센터에서 배운 점을 살려서 적절한 급여를 받을 수 있는 기술 관련 기업에 취직할 수 있으면 그 아이들은 분명히 미래에 베스트 바이에서 컴퓨터와 같은 전자제품들을 구매하는 선순환이 이루어질 것입니다.

고객에게서 어떻게든 이득을 취하려는 자세가 아니라, 고객의 복지를 우선하는 관점을 가지는 것은 지역 사회에도 그리고 기업의 미래 비즈니스에도 대단히 중요한 부분입니다.

그 밖에도 아마존 역시 직원들의 학비를 지불하는 제도를 도입하였으며, 스타벅스의 경우 스타벅스에서 일하는 학생들의 교육비를 지원하는 등 다양한 교육 지원 정책을 실시하기 시작했습니다. 다만 이 경우에는 사기업에서 자사 사원들만 교육하는 점에 대한 비판이 뒤따를 수 있다는 것을 잊지 말아야 합니다.

아마존의 경우 자사 사원을 교육하는 데 비용을 투자해서 '세금을 감면받기'보다는, 세금을 제대로 납부한 후 많은 사람들에게 '공정한' 교육 기회를 부여해야 한다는 비판이 있었습니다. 이 점에 대해 생각해 보면 '사기업이 과연 공적으로 변할 수 있는가?'라는 대단히 어려운 문제에 도달하게 됩니다.

개인적으로는 공공기관도 예전만큼 예산이 풍부하지 않으며, 교사들에게 요구되는 능력 역시 현대와 같이 고도로 복잡한 사회에 따라가지 못하는 현상이 발생하고 있습니다. 그렇기 때문에 기업의 지원이 반드시 필요하다고 생각하며, '생각하는 내용' 역시도 더더욱 바뀔 필요가 있을 것입니다.

요컨대 기업 역시 어떠한 형태로든 지역 구성원들의 교육에 관여할 필요가 있다고 생각합니다. 이상적인 모습은 기존 교육자들이 공평한 마음가짐으로 다양한 기술을 보유한 기업인들의 '허브'가 되어서, 어린이들에게 보다 유연한 형태로 교육 기회를 제공하는 것입니다.

어느 경우든 '고객과 무엇을 함께 배워 나가면 좋을 것인가'는 마케터로서 생각해 보아야 할 테마입니다.

다양성

서로 다른 시점이 혼재됨에 따라 발생하는 창의성

'다양성'이라는 표현은 주변에서도 흔히 사용하기 때문에 쉽게 이해하는 분이 많을 것입니다. 여기서는 다양성에 대해서 '공정'한 시점뿐만 아니라 '뛰어난 아이디어를 창출한다'는 것과 연결되는 점에 대해서 생각해 보고 싶습니다.

먼저 마케팅 관점에서 생각해 보자면, 전 세계의 시장 자체가 점점 더 다양해지고 있습니다. 예를 들어 미국 시장에서는 최근에 라틴계, 아프리카계, 아시아계 혹은 혼혈 인구를 합한 인구가 백인들보다 많아졌습니다.

미국에서는 지금까지 백인들이 대다수였기 때문에 그들의 생각을 밀어붙일 수 있었지만, 이제는 그것이 통하지 않게 되었습니다. 또한 중국, 인도, 아프리카의 시장도 성장해 나가고 있으며 오히려 신흥국들에 새로운 기술이 보급되는 립프로그(leapfrog) 현상도 차례로 일어나고 있습니다.

제1장에서 이야기한 것처럼 '소비자의 평균값에는 의미가 없다'라고 한다면, 기업들도 비슷한 사람끼리 모으는 것보다 다양한 배경을 가진 사람들이 참여하게 하는 편이 더 낫습니다.

그리고 다양한 시점을 보유하면 당연한 얘기가 되겠지만 효과적인 마케팅 전략을 세울 수 있습니다. 다시 말해 여러 사람들이 '알아차리는 점'을 정확하게 취합해서 반영해야 비로소 뛰어난 아이디어를 도출할 수 있게 되는 것입니다.

넷플릭스는 조직 자체가 마케팅 전략화되어 있다

다양성과 관련해서 뛰어난 기업 사례로 가장 먼저 떠오르는 곳은 넷플릭스입니다. 넷플릭스는 전 세계에 서비스를 제공하고 있기 때문에 여러 국가에 속한 사람들의 반응에 대단히 민감합니다.

넷플릭스 오리지널 콘텐츠 역시 매우 다양합니다. 당연하게도 라틴계 사람이 주역을 맡은 드라마도 있고, 일본인이 주역인 드라마도 있으며, 인도 사람이 주역을 맡은 영화도, 흑인이 주역인 드라마도 있고, 한국인이 주역인 드라마도 물론 있습니다.

넷플릭스에 익숙해진 사람들은 '당연하게' 여길 것이지만, 잘 생각해 보면 기존의 다른 기업들에게 이런 콘텐츠 라인업 여럿을 동시에 갖추라고 한다면 대단히 어려울 것이라는 생각이 듭니다.

예를 들어 경쟁사인 디즈니를 살펴봅시다. 디즈니는 오랜 역사를 가지고 있고, 가족 단위의 시청자들에게 압도적인 인기를 끌고 있습니다. 그러한 점은 디즈니의 강점이라고 생각하지만 다양성이라는 측면에서는 상당히 비판받고 있다는 것 또한 사실입니다.

영화 '알라딘' 실사화가 발표되었을 때 여주인공 역할이 중동계 사람이 아니라는 이유로 비난이 쇄도하기도 하고, 백인이 주인공을 맡는다는 사실 자체가 뉴스가 된 것을 기억하실 것입니다.

덧붙여 이야기하자면 '알라딘' 실사판 영화의 주인공 역을 맡은 미나 마수드는 디즈니 영화의 주인공으로 출연했음에도 불구하고, 중동계라는 이유만으로 '테러리스트' 역할을 제외하고는 다른 영화의 오디션조차 받지 못하는 상황이라고 합니다. 정말 심각한 이야기가 아닐 수 없습니다.(※70) 또한 '알라딘'은 원작에는 없는 역할에 백인을 출연시킨

것에 대해서도 비판을 받고 있습니다.(※71, 72)

애초에 '현대의 기준'에서 본다면 디즈니는 기업 설립 당시부터 전 세계 각지의 민화를 화이트워싱 해왔다는 비판을 받아왔습니다. 역사가 긴 회사는 역사적인 자산을 가지고 있다는 장점도 있지만, 타성에 젖는 경향도 있어서 근본적인 사상이나 체질을 단숨에 바꾸기는 쉽지 않다고 생각합니다.

물론 1930년대부터 존재한 회사이기 때문에 당시의 일을 지금 시점으로 바라보고 단죄한다 해도 어떻게 할 수 없는 부분이기는 합니다. 최근에는 이러한 비판을 극복하고자 PC(political correctness,정치적 올바름)에 힘을 기울이고 있습니다.

한편 넷플릭스에서는 현지 스태프들에게 권한을 이양하는 것이 매우 원활했기 때문에 큰 문제가 되지 않은 것 같습니다(위와 같은 내용으로 이 원고를 쓰고 있었던 기간에 2021년 10월 18일 블로그 사이트 테크크런치[TechCrunch]의 기사에서 '넷플릭스에서 트랜스젠더 사원과 관련된 문제로 파업을 계획한 사원을 해고했다'라는 보도가 실렸다는 점을 추가합니다).(※73)

그러면 넷플릭스에서는 어떻게 다양한 콘텐츠를 제작할 수 있는 것입니까? 대답은 역시 채용과 인사 제도에 있습니다. 테크크런치의 기사를 인용해 보겠습니다.

> '넷플릭스는 미국 시간으로 1월 13일에 회사 최초의 다양성 및 통합과 관련된 보고를 발표했다. (중략) 세계적으로 살펴보면 넷플릭스 전체 직원의 47.1퍼센트가 여성이다. 2017년 이후로 백인과 아시아계 사원 비율이 약간 감소했으며 히스패닉계, 라틴계, 흑인, 복

합 인종, 원주민 계 비율이 증가했다. 미국에서는 넷플릭스의 전체 사원 중 8.1퍼센트가 히스패닉계, 라틴계이며 8퍼센트가 흑인, 5.1퍼센트가 복합 인종이고, 사원의 1.3퍼센트는 미국 원주민, 알래스카 원주민, 하와이 원주민, 퍼시픽 아일랜드 원주민 또는 중동, 북아프리카 출신 중 어느 하나에 속한다. 넷플릭스의 관리직 직급의 유색인종 비율은 완벽하지는 않지만 기술 업계 전체에서 유색인종이 차지하는 비율보다 높다는 것에는 틀림이 없다. 넷플릭스의 리더 계층은 아시아계 15.7퍼센트, 흑인 9.5퍼센트, 히스패닉계 4.9퍼센트로 구성되어 있어, 회사 상층부의 4.1퍼센트가 복합 인종이다.'

지금 이와 같은 방식을 따라 할 수 있는 일본 회사들이 몇이나 될 것이라 생각하십니까. 아마도 어려운 문제일 것입니다. 저는 넷플릭스가 가지고 있는 채용 기준이 공정함을 지향함과 동시에 글로벌 비즈니스 전개를 하는 데 있어서도 이점이 되었다고 생각합니다.

요컨대 시청자들의 국적이 다양하기 때문에, 해당 회사에서 다양한 인재를 영입하는 것이 당연하다는 의미입니다.

체제와 관련해서도 각 지역의 프로듀서들에게 권한을 이양하기 때문에 현장에서 '결정'할 수 있습니다. 그렇기 때문에 해당 나라의 시청자들이 어떻게 느낄지도 파악할 수 있으며, 넷플릭스가 가지고 있는 데이터와 지식과 견해에 따라 연출하면 다른 나라 사람들 역시도 '공감'할 수 있는 것입니다. 덧붙이자면, 넷플릭스 작품의 4분의 1은 여성들이 감독으로 일하고 있다는 데이터도 있습니다.(※75)

흔히 넷플릭스와 일본 방송국이나 영화를 비교하면서 '제작비' 차이를 지적하는 경우가 많지만, '다양한 관점에서 독창성을 보이고 있다' 라는 논점이 빠져 있다는 생각이 듭니다.

밖에 나가야 비로소 깨닫게 되는 가치도 있다

저는 출판사 및 인쇄 회사 관계자들과 함께 만화의 글로벌화 전략에 대해서 토론할 기회가 있었습니다. 그 때 "만약 일본 만화를 세계에서 판매하려고 하면 '편집 방침'뿐만 아니라 '채용 방침'도 재고해서 제대로 바꾸는 편이 좋지 않겠습니까?"라는 의견을 제시했습니다.

콘텐츠 전략은 인사 전략과 거의 직결되기 때문입니다. 이 콘텐츠는 누구를 대상으로 한 작품인지에 대한 다양한 관점이 합해져야 세계적으로도 통용될 것이라 생각합니다.

제가 들은 이야기 중에서 어느 출판사 관계자가 아프리카 케냐와 나이지리아에 일본 소녀 만화 프로모션을 진행했을 때의 이야기가 흥미로웠습니다. 나이지리아 여자아이들이 일본 만화에 대단히 감동을 받았는데, '처음으로 백인이 아닌 주인공이, 그것도 스스로에게 자신감이 없는 아이가 주인공으로 등장한 작품을 읽었다. 그런데 실패하면서도 열심히 빛나려고 노력하는 작품을 읽고 격려를 받았다'라고 말했다고 합니다. 일본 만화에서 자주 등장하는 '실패하는 주인공'이 해외에서도 '공감받을 수 있는' 가능성이 있다는 점을, 나이지리아에 가서 처음으로 실감하게 된 것입니다.

이것은 외부의 관점에서 바라봐야 비로소 언어화할 수 있는 것이라 생각합니다. 소소하기 때문에 지나치기 쉽지만, 이러한 목소리에 귀를 기울일 수 있는 인재들이 많아지면 좋겠습니다.

그리고 일본 애니메이션 업계에 대해서 또 하나 '깜짝' 놀란 점이 있습니다. '흑인의 생명도 중요하다' 운동 때에 아티스트 퍼렐 윌리엄스는 제이-Z와 피처링해서 'Enterpreneur(기업가)'라는 곡을 발표했습니다. 그 곡은 흑인들이 차별받고 착취당하는 역사 속에서도 노력하고 자립해서 기업을 창립해 성공한 사람들이 있으며, 가슴을 펴고 당당하게 살아가는 사람들을 기리는 내용의 가사를 담고 있습니다.(※76)

뮤직비디오에서는 다양한 창업가들과 훌륭하게 일하고 있는 사람들을 소개하는데, 사실은 이 뮤직비디오 안에 잠깐 동안 '아델 이솜과 다넬 이솜(Arthell and Darnell Isom)은 흑인으로서는 처음으로 일본에 애니메이션 스튜디오를 설립했다'라고 소개하는 장면이 있습니다.

저는 부끄럽게도 이 사실을 전혀 몰랐습니다. 실제로 신주쿠에는 이들이 설립한 데아트 시타지오(D'ART Shtajio)라는 애니메이션 스튜디오가 있다고 합니다. 그리고 실제로 The Weekend의 뮤직비디오 애니메이션을 그곳에서 제작했다고 합니다. 깜짝 놀랄 만한 일이었습니다.(※77)

그들은 분명 일본 애니메이션을 동경해서, 일본에서 애니메이션 스튜디오를 설립하고 싶다는 생각으로 각고의 노력을 통해 스튜디오를 만들었을 것입니다. 정말 대단한 일이라고 생각합니다. 자세히 조사해 보니 일본 애니메이션 스튜디오와 컬래버레이션한 실적도 있는데, '원피스'나 '죠죠의 기묘한 모험', '도쿄 구울'처럼 큰 인기를 끈 애니메이션 작품에도 크리에이터로 참가했다고 합니다. 앞으로도 그들의 관점과 다른 나라 애니메이션 제작자들의 관점 그리고 일본 애니메이션 제작자들의 관점이 '합쳐진다면' 어떤 작품이 탄생할지 가슴이 두근거립니다.

패럴림픽과 금메달리스트에게 배운 것

다양성과 관련해서도 생각해 보겠습니다. 저는 모 기업의 콘퍼런스에서 패럴림픽 수영 경기의 금메달리스트이자 전대미문의 활약을 한 가와이 준이치를 만날 기회가 있었습니다. 이 콘퍼런스에서 가와이는 '장애를 가지고 있는 사람의 관점은 창의적인 아이디어를 도출하는 힌트가 될 가능성이 있다'라는 점을 알려주었습니다. 예를 들어 눈이 보이지 않는 가와이는 크롤 영법으로 100미터를 수영할 때, '턴'할 타이밍을 파악하기 위해서 손을 움직이는 횟수나 소리, 피부로 느껴지는 감각을 활용했다고 말했습니다.

그러한 관점은 저 자신으로서는 도저히 상상도 할 수 없는 것이었기 때문에, 제가 가지고 있었던 '상식'이 부서졌습니다. 그리고 기존에 수영에 대해 가지고 있던 생각이나 경기를 관전하는 포인트가 '바뀌어서' 가슴이 설렜습니다.

스포츠 경기를 볼 때 재미를 느끼는 포인트(관점)가 바뀔 수 있었던 것입니다. 그의 이야기를 듣고 느낀 점은 '창의적이 되려면 다른 관점을 도입하는 것에 힌트가 있다'는 것이었습니다. 기업들도 '새로운 관점'을 도입하기 위해 계속해서 다양한 배경을 가진 사람들과 컬래버레이션을 하는 경우가 증가하고 있습니다.

이케아의 경우 e스포츠용 장비를 개발할 때, 유니버설 디자인이 특기인 디자인 부티크 Unyq와 함께 장애를 가진 사람을 섭외해서, 제품 아이디어를 구상했습니다.(※78)(※79)

예를 들어 휠체어에 앉아 있는 사람을 '장애인'으로 취급하는 것이 아니라 '오랜 시간 앉아있는 것에 대해 뛰어난 식견을 가지고 있는 사람'으로 생각하고 그들의 의견을 묻는 것입니다.

새로운 시점은 대단히 창의적인 통찰력을 가지게 합니다. 이러한 방법으로 도출된 아이디어를 바탕으로 탄생한 이케아 제품은 장애를 가지고 있는 사람들도 편안하게 사용할 수 있는 설계이지만, 동시에 오랜 시간 동안 플레이를 해야 하는 e스포츠 플레이어들도 쾌적하게 사용할 수 있는 장비가 되었습니다.

만약 이노베이션에 대한 정의를 슘페터가 말한 '이질적인 것의 새로운 결합'이라고 한다면, 다양성에 대해서는 '다른 시점을 교차시켜 보는' 것과 관련된다고 말할 수 있습니다. 기업이 다양성을 나타내려 할 때, 특정한 구호를 외치거나 배지를 착용하는 것뿐만 아니라, 사원들로 하여금 '전혀 다른 시점을 반영하는 것'과 같은 구체적인 활동을 하게 하는 것이 무엇보다도 중요합니다.

약간 급진적인 사례이긴 하지만, 리모트 이어라고 하는 회사가 있습니다.(※80) 이 회사에서는 기업에서 계약직으로 일하는 사원에게 1년 동안 매달 전 세계의 다양한 도시들을 이주하게 하면서 기존 업무를 담당하게 하는 프로젝트를 제공하고 있습니다.

예를 들어 당신이 어느 회사의 가전 업체 디자이너라고 가정해 봅시다. 그러면 디자이너 업무를 계속하면서 매달 전 세계의 다양한 장소로 이주하는 프로그램이 제공되는 것입니다. 바르샤바, 마닐라, 교토 등 일 년 동안 열두 개 나라에서 거주하게 됩니다. 리모트 이어에서는 숙박 시설과 항공편 등 일할 수 있는 환경을 조성해 주며 독자적인 연수 프로그램을 제공합니다.

참가자들은 자신이 거주해야 할 집이나 이동 수단을 걱정할 필요가 없으며, 업무와 그 나라에서 생활하는 것에 집중할 수 있습니다. 회사를 그만두고 방랑하는 여행을 떠나는 것이 아니라, 회사 업무를 계속하면서 다양한 관점을 접할 수 있는 것입니다.

사실 이 프로그램은 정말 인기가 많습니다. 몇 년 전에 직장에 다니고 있었을 때, 저도 몰래 이 프로그램에 응모해 보려고 했지만 경쟁률이 200 대 1이었기 때문에 심사 전형에서 탈락해 버렸습니다. 참가자들의 이야기를 들어본 적이 있는데, 정말 다양한 관점을 가질 수 있게 되었고 인생관과 직업관, 가치관이 크게 바뀌었다고 했습니다.

물론 리모트 이어와 같은 프로그램을 현 체제에서 그대로 도입하기는 쉽지 않을 것입니다. 하지만 기업들이 앞으로 국제적으로 활약할 수 있는 사원을 육성하려 한다면, 이처럼 '세계와 접하는' 교육에도 비용을 투자할 필요가 있다고 생각합니다. 기업들이 미래를 구축해 나가려 한다면 국제적으로 활약할 수 있는 '인재'를 육성하는 것이 핵심입니다.

이론만으로 머리만 키워서도 안 되고, 현장밖에 모르는 것도 안 된다

혹시 회사와 같은 조직을 계속해서 현명하게 유지하기 위해서는 어떻게 하면 좋을 것인가 하는 테마로 연구하고 있는 교수에 대해서 알고 계십니까? 《소셜 물리학》이라는 책의 저자인 MIT의 알렉스 팬트랜드 교수는 물리학 전문가로서 '조직'에 발생하는 '아이디어의 흐름'을 연구하고 있습니다.

그의 말에 따르면 조직이 계속 현명함을 유지하기 위해서는 사원들이 '탐구'해야 하고, '인게이지먼트(공유)'하는 것, 이 두 가지를 반복해야 합니다. 다시 말해 사원들은 일반적인 업무 '외부'를 계속해서 탐구해야 하며, 그곳에서 얻은 지식을 회사 내부로 가지고 돌아와 공유하는 것을 거듭해야 한다는 의미입니다.(※81)

현장에서 일하는 것과 동시에 그보다 더 외부의 가치관과 아이디어에 접하는 경험을 하고, 그렇게 배운 점을 가지고 돌아오려는 자세가 중요합니다. 이론만으로 머리만 키워서도 안 되며, 현장밖에 모르는 것도 안 됩니다. 마케터라면 역시 실무를 담당하는 것과 동시에 세계를 향해 나아가야 합니다. 그리고 마케팅 외부(사회, 문화, 테크놀로지)와 연결해 나가려는 노력을 해야 합니다.

세계적인 기준에서 살펴보면, 사원들에게 교육적으로 충분한 투자를 하지 않는 회사에는 우수한 인재가 모이지 않는 시대가 되었습니다. 특히 우수한 엔지니어들은 전 세계에서 쟁탈전을 벌이기 때문에 급여도 충분해야 하며, 교육 기회도 충분히 마련하지 않으면 금방 그만둬 버리기 때문입니다. 넷플릭스를 보면 알 수 있듯이 앞으로는 조직 구성원 자체가 마케팅 전략 그 자체가 될 것입니다. 다시 말해 앞으로 마케팅의 핵심은 반드시 '사람'이 될 것입니다.

건강

치프 메디컬 오피서의 등장

기업이 가져야 할 가치관 중에 다양성과 마찬가지로 중요한 것이 건강함입니다. 제2장에서도 언급했던 것처럼, 다가올 시대에서 기업은 고객이나 사원의 신체적 건강과 정신적인 건강 문제와 제대로 마주해야만 합니다.

지금은 회사 규모나 인지도보다도 사원들이나 소비자 모두 '건강을 유지할 수 있는가'하는 점이 중요해졌다고 생각합니다. 저는 앞으로 브랜드 전략 핵심 중 하나는 분명 건강함이 되리라고 생각합니다.

어느 기업이든 '기업의 일과 관련해서 사원과 고객의 신체적인 건강과 마음의 건강을 소중히 하려면 무엇을 할 수 있을 것인가?'라는 관점을 가지는 것이 대단히 중요합니다. 건강이라고 하면 '신체적인 건강'만 떠올리는 분들이 많을 것입니다. 하지만 세계적인 관점에서는 신체, 마음, (문화와 커뮤니티와의 관계성을 포함한) 영적인 부분, 이렇게 세 가지 건강을 실현한 상태를 가리키는 개념으로 통용되고 있습니다.

건강은 대단히 광범위한 개념입니다. 예를 들어 기억력도 또렷하고 신체도 건강하지만 인간관계가 원만하지 않은 상태에 있거나, 금전적인 어려움을 겪고 있다면 건강한 상태가 아니라고 판단하는 것입니다. 앞서 언급한 것처럼 '질병'의 원인은 식사나 수면 불규칙성뿐만 아니라, 인간관계나 금전적인 문제로 인한 스트레스나 불안 역시 크기 때문에 건강을 종합적으로 고려해야 하는 시대가 되었습니다.

지금까지와는 다른 종합적인 건강을 제공하는 셀프케어 관련 브랜드도 인기를 모으고 있습니다. 대표적으로는 2021년에 뉴욕 증권 거래소에서 상장한 힘스앤허스(hims&hers)라는 스타트업 기업이 있습니다.(※82, 83)

이 기업이 판매하는 제품은 얼핏 보면 기술적으로 '획기적'인 것은 특별히 없어 보이지만, 실은 홈페이지 카테고리의 분류 측면에서 대단히 뛰어납니다. hims는 남성들의 다양한 고민에, hers는 여성들의 다양한 고민을 해결할 수 있는 상품과 서비스를 제공합니다. 예를 들어 남성이라면 '섹스', '헤어', '피부', '정신 건강', '보조제', '1차 진료', '유명해지기'와 같은 카테고리가 병렬로 나열되어 있습니다.

기존의 사고방식이라면 뷰티 관련은 뷰티 회사, 보조제 계열은 건강식품 회사, 정신 건강은 의료 관련 회사처럼 '업계별'로 각각의 서비스와 제품을 제공하는 것이 일반적이었습니다. 이 회사의 뛰어난 점은 남성이든 여성이든 각자의 '고민'을 중심으로 한 분야에 국한되지 않은 해결 방법을 제공해 준다는 것입니다. 섹스에 대한 고민이나 정신 건강이 병렬 관계에 놓여 있는 것은 고객들이 보기에는 이해하기 쉽지만, 업계 측에서는 지금까지 이처럼 분야 밖의 것을 연결 짓기가 어려웠습니다.

힘스앤허스는 기존 업계들이 상하관계 범주로 분류해 두었던 것을, 스타트업 기업답게 횡적으로 분류해 두었다는 점에 가치가 있습니다. 실제로 이 서비스를 통해서 의약품도 구매할 수 있고, 온라인에서 진찰을 받을 수도 있습니다. 이 회사가 급성장하고 있는 이유는 제품이든 서비스이든 종합적으로 제공하고 있다는 점이 큰 호응을 얻었기 때문이라고 생각합니다.

건강 도구를 구입하면 과연 건강해질까?

건강이라는 표현은 2016년부터 차례로 확산되어 세계적으로도 트렌드 워드가 되었습니다. 이익을 창출할 수 있는 시장이라고 예측했기 때문에, 현재 정말 다양한 기업들이 건강을 강조하고 있습니다.

의료 업계를 비롯한 많은 회사가 건강에 관련된 제품을 개발하기 위해 뛰어들었습니다. 그 밖에도 의류 업계에서는 '애슬레저 패션'을 유행하게 했으며, 미용 업계에서도 건강을 강조한 보디 케어 상품을 프로모션 하고 있습니다.

배우 기네스 펠트로가 런칭해 화제가 된 라이프스타일 브랜드 굽(Goop)은 때를 놓치지 않고 넷플릭스와 함께 '굽 연구소(Goop Lab)'라는 다큐멘터리까지 제작했습니다.(※84)

마음 챙김(mindfulness) 붐에 편승해서 헤드스페이스(Headspace)로 대표되는 명상 애플리케이션도 시중에 많이 출시되었습니다. VR 분야에서도 우울증 치료법으로 VR이 효과가 있다는 연구가 진행되었습니다. 일부는 FDA 심사를 통과해서 '의료 행위'로 인정받기도 했고, 보다 양질의 수면을 위한 매트리스 시장도 활기를 띠고 있습니다.

마리화나 합법화에 따른 '그린 러시'도 어떤 의미로는 거대한 건강 시장에 속한다고 할 수 있겠습니다.

지금은 너 나 할 것 없이 '건강'이 다음 블루오션이라고 말하기라도 하듯 사업 전략 스토리에 등장하게 되었습니다. 최근에는 일본 닛케이신문에서 웰빙 이니셔티브(건강 주도권)를 설립해서 다양한 기업과 건강 경영을 추진하는 프로젝트도 실시하고 있습니다.(※85)

이러한 움직임을 보고 있으면 조만간 회사 인트라에 '건강 도구' 사용을 도입하는 기업들도 증가할 것 같습니다. 앞서 마이크로소프트 팀즈에서 명상 애플리케이션 헤드스페이스와 협업했다는 이야기를 했습니다. 이와 같은 도구들이 기업에 도입되고, 조만간 인사부와 같은 부서에서 사원들의 건강관리까지 실시하게 될지도 모릅니다.

사원들도 웨어러블 디바이스를 착용하고, 회사에 신체적, 정신적 건강 데이터를 제공하면서 일하게 될 수도 있겠습니다. 다만 '우리 회사는 건강 도구를 내부적으로 도입했습니다. 그러므로 건강관리 를 정말 잘 하고 있습니다'라고 주장하는 기업이 등장한다면 주의해야 한다고 생각합니다. 건강을 실현한다는 것은 도구의 '도입'이 목적이 아니라 회사의 인간관계나 스트레스를 유발하는 문제들에 인력이 투입되어서 문제를 실제로 해결해나가는 것이기 때문입니다.

건강 워싱 문제

그리고 또 하나 더 주의해야 할 점은 거짓 문제들입니다. 앞서 언급한 굽이 비판받는 이유가 바로 이 때문입니다. 과학적인 근거를 가지고 있지 않은 기업들이 '팔아 치울' 목적으로 대단한 효과가 있는 것처럼 눈속임하는 사례들이 급증하고 있습니다. 이것이 소위 말하는 '유사 과학(pseudoscience)' 문제입니다.(※86)

환경에 그다지 좋지 않은데도 마치 환경에 도움이 되는 일을 하고 있는 것처럼 선전하는 기업들을 가리켜 '그린 워싱'이라고 합니다. 그리고 지금은 '건강 워싱' 역시 심각한 상태입니다. D2C에서 건강 보조제를 판매하는 회사들이 많아졌는데, 그중에는 팩트가 약하다는 의심이 드는 경우가 많이 있습니다. 'D2C에서 창업한다면 지금은 건강 관련된 것이 유행이니까 수익률 높은 보조제라도 판매하라'고 하는 '벤처 캐피털리스트의 의도'를 느끼는 것은 저밖에 없는 것일까요.

확실히 건강 보조제는 계속 구입하게 되는 분야이기 때문에 돈을 벌어들인다는 점을 고려한다면 D2C 사업을 조사하는 'CPA(고객 획득

단위)와 LTV(고객 생애 가치)의 지표를 관리' 하기는 어렵지 않겠습니다. 그렇지만 그것이야말로 일찍이 화제가 되었던 WELQ 문제(일본 IT 회사 DeNA가 자사가 운영하던 건강 커뮤니티의 활성화를 위해 의학적 지식이 없는 사람들을 고용하여 무익한 정보들을 대량으로 작성해 올리게 한 결과 사용자들의 비난을 받고 결국 게시판 자체가 폐쇄된 사건)와 비슷합니다. '실제로는 아무래도 상관없으니까 이익을 많이 낼 수 있는 것'을 추구하게 되면 '품질'은 내버리게 되는 것입니다.

저는 앞으로 건강 시장이 발전, 성숙되고 고객들에게 성의 있게 다가가는 자세가 필요할 것이라 생각합니다. 또한 데이터를 수집할 때 개인 정보 활용처럼 민감할 수 있는 문제도 사라질 것이라고 생각합니다.

지금 기업들에는 '올바른 정보를 제공할 것이 요구된다'는 이야기를 앞서 언급했는데, 건강과 관련된 프로젝트의 경우 정말로 정확성과 안전성, 투명성과 관련해서 사원과 고객에게 진지하게 대응해 나갈 필요가 있습니다.

건강 계몽이라는 의미에서 진지하게 활동하고 있다고 느낀 기업 중에 일본의 스포츠 브랜드 아식스가 있습니다. 아식스는 코로나 사태 이후 영국의 작은 거리에서 지역 사람들의 정신 건강을 지원하기 위해서 독자적인 기술을 제공했습니다. 그것은 바로 얼굴 사진을 가지고 '기분'을 측정하는 '마인드 업리프터(Mind Uplifter)'라는 기술입니다. 이 기술은 아식스가 호주의 바이오 인포머틱스 전문 기업 이모티브(Emotiv)와 공동으로 개발한 독자적인 기술입니다. 이 기술을 활용해서 아식스는 운동이 가져오는 정신적인 효과를 더 잘 느낄 수 있도록 지역 사람들을 위해 활발히 지원 활동을 펼치고 있습니다.(※87)

'치프 메디컬 오피서'라는 직급이 신설된 이유

스포츠나 의료, 식품 외에 직접적으로 건강에 관련될 것 같지 않은 업계들에서도 브랜드의 핵심 가치에 '건강'을 두고 있는 기업들이 등장하고 있습니다. 예를 들어 뉴질랜드 항공은 임원 중에 '치프 메디컬 오피서'라고 하는 포지션을 마련했습니다.(※88)

코로나 이후 항공 회사들은 '위생'을 가장 중요하게 생각하고 있습니다. 그래서 어떤 기준을 근거로 위생을 보증할 수 있는지 승객들에게 정확하게 전달하는 역할이 필요해진 것입니다.

사원들의 위생을 위한 대책들과 함께 홍보 및 커뮤니케이션을 일원화해서 승객의 건강을 지킬 필요가 대두되었기 때문에 치프 메디컬 오피서라는 직급이 마련된 것입니다. 기존 조직 구조에서는 이 부분의 책임이 애매하기 때문입니다.

앞으로 코로나 문제가 해결된다 하더라도 지속적으로 '위생'과 관련된 정보를 제공해야만 할 것입니다. 더 나아가 고객의 건강에 관련된 서비스를 개선하는 것과 같은 활동을 주도해 나간다면 큰 가치를 창출할 수 있을 것이라 생각합니다.

사고실험(思考實驗) 삼아 자신의 회사에 치프 메디컬 오피서가 있다면 서비스의 어떤 부분에 주목하고 고객들에게 어떤 정보를 전달할지에 대해 예상해 본다면 흥미로울 것입니다.

이와 동일한 사례로 자동차 회사 재규어 랜드로버(JLR)는 2018년에 치프 메디컬 오피서를 임명해서 차량 내부의 웰빙과 관련된 활동을 할 것임을 표명했습니다. 예를 들어 JLR에서 현재 진행하고 있는 '트랭퀼 생크추어리(tranquil sanctuary)'라는 기술에는 AI를 사용해서 기분에 맞춰 차량 내부 설정을 변경하거나 멀미를 줄여주는 기능 등이 포함되어 있습니다.

2021년 1월에는 골반 움직임이나 보행 리듬을 시뮬레이팅하기 위해 시트폼 내부의 액추에이터를 사용해서, 오래 앉아 있을 때 발생하는 요통을 줄이기 위한 목적으로 허리 움직임에 맞춰 움직이는 '모핑(morphing) 시트'를 개발하기도 했습니다.

미국인들의 평균적인 운전 시간은 일주일에 10시간(연간 520시간)이기 때문에, 운전자가 계속해서 앉아 있을 때의 부하를 줄일 수 있다는 점에서 큰 가치가 있으리라 기대를 받고 있습니다. 이처럼 이미 차량 인테리어 디자인에 대한 전략을 '건강 중심'으로 바꾸는 관점이 등장하고 있습니다. 이렇게 다양한 업계 회사들이 자사의 서비스나 제품에 '건강'을 적용하려면 무엇을 개발하고 제공해야 하는지에 대한 아이디어 경쟁이 시작된 것입니다.

사이키델릭 분야에 대한 기대가 높아지고 있다

한편 2020년에는 의료 분야에서 약간 믿기 어려운 접근을 하는 스타트업 기업도 등장했습니다. 미국에서 마리화나가 합법화되는 흐름은 여러분도 알고 계시리라 생각합니다. 그런데 이번에는 LSD, 실로시빈(매직 머시룸), MDMA와 같은 향정신성 약품 분야에 대한 합법화 움직임이 미국 내에서 진행되고 있습니다.

예를 들어 오리건주에서는 2020년 11월에 주 단위로는 처음으로 실로시빈 합법화를 추진했습니다. 뉴저지주는 2021년 2월에 1온스(약 28그램) 이하의 실로시빈을 소지하면 3~5년의 실형을 선고했던 것을 6

개월 미만의 실형 혹은 1,000달러의 벌금형으로 완화했습니다.(※89)

넷플릭스 다큐멘터리 중에 LSD 체험자 인터뷰로 구성된 '해브 어 굿 트립: 기묘한 모험'이라는 작품이 방영되는 등 사이키델릭 시장은 2019년 9,500만 달러에서 2020년 4억 4,800만 달러로 4배 이상 커졌다는 점에서 앞으로도 더욱 상승세를 유지하리라는 전망이 이어지고 있습니다.(※90)

우리로서는 전혀 상상할 수 없지만, 향정신성 의약품은 정신 질환으로 고통받는 사람들의 치료제로 사용될 가능성이 있다고 합니다. 2021년 말에는 포틀랜드의 퇴역 군인 병원에서는 PTSD로 고통받는 퇴역 군인들을 치료하기 위해 11주 동안 향정신성 의약품을 투여하는 연구가 예정되어 있습니다.(※91)

이 분야에서 주목받는 기업으로는 베를린을 거점으로 하는 바이오 테크 기업인 아타이라이프(ATAI Life)가 있습니다. 이 회사는 2020년 11월에 1억 2,500만 달러의 자금 조달에 성공한 다음, 2021년 3월에 1억 5,700만 달러의 자금을 추가로 조달했습니다.(※92)

아타이라이프는 10곳의 의약품 개발 회사를 소유하고 있으며, 각각의 회사들은 정신 질환 치료를 위한 서로 다른 화합물을 연구 개발하고 있습니다. 합성 실로시빈 제조사 컴패스 패스웨이(Compass Pathways)도 그중 하나입니다. 이 기업의 투자가들 중에는 유명한 기업인인 피터 틸도 포함되어 있습니다.(※93)

'정신 건강'으로 고민하는 젊은이들이 마음을 변화시킬 수 있는 체험을 원한다는 점 때문에 여행 업계에서도 최근 들어 '사이키델릭 여행'이 유행하고 있다고 합니다. 예를 들어 실로시빈이 합법화된 자메이카의 경우, 젊은이들 사이에서 현재 매직 머시룸 도피 여행이 대단한 인기를 끌고 있습니다.

마이코메디테이션(MycoMeditations)이라는 여행 회사에서는 클래식, 컴퍼트 그리고 1만 500달러짜리 콩셰르주(concierge)라는 세 가지 가격의 '머시룸 명상을 할 수 있는' 패키지를 제공하고 있습니다. 이 회사는 참가자들이 귀국한 이후에도 케어를 계속 실시하기 때문에, 테라피스트와 화상 통화를 하면서 건강 상태를 체크한다고 합니다.(※94)

이러한 사이키델릭 분야에 대한 투자는 지적 재산권 문제나 문화적 착취 문제(본래 원주민의 의식과 같은 곳에서 사용된 '문화'라는 측면이 있기 때문입니다)와 같이 고려해야 할 논점이 복잡하게 얽혀있다는 점을 북미 언론 바이스(VICE)도 다룬 바 있습니다.(※95)

사이키델릭 산업의 부흥과 일부 사람들이 이에 '심취'한 것은 마치 1960년대 후반을 방불케 합니다. 그 시대부터 과학이 발전하기 시작하면서 사람들에게 '적정'한 것이 어느 정도인지 팩트를 알게 되었다는 점도 관련이 있겠습니다.

제2장에서도 계속 언급했던 것처럼 정신 건강에 대한 문제가 이토록 심각해졌기 때문에 그로 인한 영향도 있을 것입니다. 우선은 이러한 흐름이 있다는 사실을 알아두셨으면 좋겠습니다.

테크놀로지가 얼마나 발전하든 간에 사람은 '거절'당하는 것으로 인해 마음의 고통을 경험하게 됩니다. 그렇다면 인류는 앞으로도 계속 괴로워하게 될 것입니다. 건강한 사회를 만든다는 측면에서, 기업들은 사람들의 건강에 대해 얼마나 진지하게 생각하고 있는지 답해야 합니다.

건강이 유행이 되고 '잘 팔리기' 때문에 유사 과학을 이용해서라도 눈앞의 매출만을 좇으려 할 것이 아니라, 사람의 '건강'이란 무엇인가라는 점을 깊이 통찰하는 것이 중요합니다.

사회적 처방전
솔루션을 넘어서 사람을 치유할 수 있을까?

이렇듯 건강이 '잘 팔리는' 시장이 됨에 따라 이전에는 명확하게 분류되어 있던 의료와 그 밖의 인접한 분야의 관계가 크게 변화하기 시작했습니다. 정신 건강이나 기존 제약 회사의 시장과 그에 인접해 있는 식품, 미용 시장의 경계가 점차 허물어지기 시작한 것입니다.

예를 들어 앞서 언급한 것처럼 사회, 경제적인 요인(인간관계나 돈)이야말로 질병에 걸리게 하는 데 가장 큰 영향을 준다는 점이나, 매일 먹는 음식이나 미용 보조제로 유산균을 섭취하는 것이 정신 건강에 기여한다는 점이 밝혀지면서 반대로 의료계에 요구되는 점도 변하고 있습니다.

건강이나 정신 건강과 같은 커다란 가치관의 변화와 새로운 연구 성과가 세상에 알려지고 있는 지금 이 상황에서, 의료 분야에 대한 정의도 변화하고 있습니다.

제가 주목하고 있는 점은 의사가 내려주는 '처방전'의 내용이 변했다는 것입니다. 이전에는 의사가 내려주던 '처방전'에는 오직 약만 언급되어 있었습니다. 그런데 최근 미국이나 유럽의 사례를 살펴보면 의사

처방전에 약뿐만 아니라 식사나 공원에서 산책할 것을 추천하기도 하고, 또는 고독을 해소하기 위해 비영리기관인 NPO에 가기를 권하거나 문화생활을 하는 것을 제안하는 '사회적 처방'을 내리는 경우도 증가하고 있습니다.

《의사의 주방(The Doctor's Kitchen)》이라는 저서로 유명해진 영국의 의사 루피 아우즐라는 조금 특이한 의사로 잘 알려져 있습니다. 그의 신간 《질병을 이기기 위해 먹는다(Eat to Beat Illness)》에서는 영양가가 많은 식재료의 임상적 효과를 설명하고, 음식이 병을 예방하거나 수명을 늘리고 기분을 바꾸며 더 나아가 DNA 발현에까지 영향을 미친다는 사실을 소개했습니다. 특히 암, 우울증, 당뇨병, 알츠하이머, 스트레스 관리와 식사를 연관 짓고 있습니다. 그리고 그가 언급한 레시피에는 방글라데시의 대구(생선) 카레나 일본 고추 믹스 등이 소개되어 있었습니다.

의사들이 받는 교육도 변화하고 있습니다. 미국 조지 워싱턴 대학의 의학부 수업에서는 학생들에게 '건강한 요리를 만드는 법'을 가르칩니다. 약 처방뿐만 아니라 식사를 어떻게 처방하면 좋을지 의사가 잘 알아두어야 한다는 생각에 기반을 둔 것입니다. 요리를 잘하는 의사라면 인기가 많아질 것 같습니다.(※96)

'처방전'의 미래

'마음의 건강'을 실현하기 위해 '문화' 활동을 하라는 처방도 있습니다. 영국에서는 내셔널 헬스 서비스(NHS)가 중심이 되어 새로운 사회적 처방으로 '문화'에 중점을 두려는 움직임이 일고 있습니다.

킹스칼리지 런던과 ULC는 2019년 10월에 신체적 및 정신적 건강에 예술이 어떻게 기여하는지를 연구하는 세계 최대 연구 프로젝트를 개시했습니다. 이 프로젝트에서는 산후 우울증으로 고통받고 있는 여성들을 위한 노래 그룹이나, 파킨슨병에 걸린 사람들을 위한 댄스 교실과 같은 활동의 효과를 검증하고 있습니다.(※97)

미국에서는 2019년 9월에 미국 국립 위생 연구소에서 설립한 '사운드 헬스(Sound Health)'라고 하는 프로젝트에서 음악이 파킨슨병과 같은 신경 질환의 증상을 어떻게 완화하는지 조사하고 있습니다. 그리고 존스홉킨스 대학의 음악 및 의학 센터(Center for Music & Medicine)에서도 같은 연구를 실시하고 있습니다.(※98)

기본적으로 의사의 역할은 이미 병에 걸린 사람을 치료하는 것이 기본이지만, 앞으로는 예방에 해당하는 부분까지 포함할 것이기 때문에 일과 관련된 범주가 다양한 분야로 넓어지고 있습니다.

일본의 정신과 의사이자 '은둔형 외톨이'에 대한 연구와 문화에 관한 논고로 잘 알려진 다마키 사이토는 '오픈 다이얼로그'라고 하는 카운슬링 접근 방법을 소개합니다.(※99) 기존의 의사와 환자와의 관계, 소위 말하는 '치료하는 사람'과 '치료받는 사람'이라는 피라미드꼴 상하관계가 아니라, 대등한 대화를 통해서 사람은 '치유받을 수 있다'는 점입니다.

마음의 근심은 결국 약뿐만이 아니라 다른 사람들이 자신의 이야기를 들어주고, 직접 이야기하는 과정에서 크게 바뀔 수 있습니다. 약은 괴로운 감정을 일시적으로 줄여주거나, 잠들게 해 주는 등 '해결책'이 될 수는 있지만 다른 사람에게 격려나 위로를 받고, 공감을 얻는 경험을 하게 해줄 수는 없습니다. 역시 사람은 사회적인 동물이며 '위로'가 필요하다고 생각합니다. 그렇다면 기업이 이러한 '위로'를 어떻게 해 나갈지 고려하는 것도 중요해질 것입니다.

신념과 용기와 다정함이 지배하는 시대로의 이행

이 장을 통해서 지지를 받는 기업의 활동이나 지지 받는 이유 그리고 그 배경이 되는 인사이트에 대해 실제 사례를 들어 이야기했습니다.

새롭게 '평가되고 있는' 기업이나 브랜드를 조사해 보면 공통적으로 보이는 것은 모두 신념과 용기와 상냥함을 가지고 다양성과 건강, 지속 가능성을 추구하며, 브랜드의 스토리를 이야기하고 있다는 점입니다.

지속 가능성의 경우 나이키에서 '멋지게 해내고' 있는 모습을 볼 수 있었고, 블룸에서는 다정함을 느낄 수 있었습니다. '좋은 브랜드'에는 일부러 차별화를 둔 필살 마케팅이 그다지 필요하지 않습니다. 그것보다는 정면 승부로 환경에 크게 공헌하거나, 브랜드로서 있는 그대로의 모습을 보여주는 자세가 요구된다고 생각합니다. 지금 필요한 것은 분석 능력보다도 공감 능력입니다.

시대는 복잡하지만 브랜드에게 요구되는 것은 대단히 간단한데 '당신의 브랜드는 마음을 담아서 그 일을 하고 있는가?'라는 점입니다. SNS가 보급되면서 브랜드와 관련해서 제품과 홍보뿐만 아니라 사원들의 행동이나 커뮤니티에 속해 있는 사람들, 경영자까지도 모두 볼 수 있게 되었습니다. 고객들의 관점에서는 이 회사가 신념을 가지고 있는지, 그렇지 않은지를 일목요연하게 파악할 수 있는 것입니다.

흔들림 없이 해내는 나이키의 용기

신념과 용기와 다정함이라고 하면 예를 들어 미국 풋볼 선수인 콜린 캐퍼닉을 앰버서더로 기용한 나이키의 용기 있는 행동(여기에서는 일부러 '캠페인'이라는 표현을 사용하지 않았습니다)이 떠오릅니다.

2018년 이야기인데, 콜린 캐퍼닉이 유색인종에 대한 차별에 저항하기 위해 미국 풋볼 경기의 하프타임 중 국가를 제창하는 시간에 국가를 부르지 않았던 '사건'이 발생했습니다. 이것은 미국 사람들에게는 상당한 스캔들이었는데 금기시되는 행위였기 때문입니다.

NFL에서는 이러한 행동을 전면 금지하고 있었기 때문에, 캐퍼닉이 속해 있던 샌프란시스코 포티나이너스에서는 그와의 계약을 해지했습니다. 캐퍼닉은 쿼터백으로 대단히 뛰어난 선수로, 커리어를 계속 유지하고 싶어 했지만 결국 해고되고 말았습니다. 사실 그는 그 정도로 '중대한' 일을 벌일 정도로 용기를 내서, 차별을 '결코 해서는 안 된다'고 주장한 것입니다.

그다음의 전개는 여러분이 아시는 것과 같습니다. 나이키는 다음 광고 모델로 그를 기용했습니다. 'JUST DO IT'이라는 30주년 캠페인을 포함해서 말입니다. 그때의 광고 문구는 '자신을 믿어라'였습니다. 그야말로 용기와 신념 그리고 사람들의 마음에 호소하는 다정함을 느낄 수 있습니다. 미국 보수 단체들은 당연히 나이키의 이러한 행동에 분노했지만, 나이키의 신념은 결코 흔들리지 않았습니다. 많은 사람에게 좋지 않은 말을 들으면서도 나이키는 캐퍼닉의 신념을 지지한다는 자세를 계속 유지했습니다.

신념과 다정함이라는 의미에서 계속 흔들림 없는 자세를 유지해

온 회사로 파타고니아도 있습니다. 파타고니아는 블랙 프라이데이라고 하는 최대 규모의 세일을 하는 기간에 '우리 제품은 구매하지 마십시오'라는 메시지의 광고를 내보냈습니다. 세일이라고 해서 별생각 없이 옷을 사는 것은 환경에 좋지 않은 영향을 미치기 때문에, 잘 생각해 보고 구매하기 바란다는 브랜드 측의 강한 신념과 용기 있는 메시지를 광고에 담은 것입니다(파타고니아에서는 이렇게 하면 결국 평판이 좋아져서 판매량이 증가한다는 모순까지도 이미 계산에 넣었을지 모릅니다).

반대로 '잘나간다'고 하는 브랜드였지만 조금이라도 잘못된 행동을 하면 비판이 집중된다는 것도 알아두어야 합니다.

예를 들어 D2C 중에서 가장 크게 성공한 브랜드로 글로시에가 있습니다. 글로시에는 사실 Z세대보다는 밀레니엄 세대에게 인기가 있는 브랜드입니다. 그러므로 시장 범위를 확대해 보려는 생각으로 Z세대를 겨냥한 라인업인 '글로시에 플레이(Glossier Play)' 시리즈를 출시했습니다. 이 시리즈에서는 반짝거리는 패키지를 사용해 Z세대의 취향을 겨냥하려 했습니다.

그런데 이 패키지가 환경을 고려하지 않았다는 점에 대해 소비자들은 분노했고, 비판의 목소리가 SNS상에서 집중되었습니다. 결국 글로시에 플레이는 한시적으로 발매를 중지하게 되었으며 패키지를 변경하기로 결정했습니다.

아무리 '잘나가는 이미지'를 가진 회사라 하더라도 그들의 행보에 '미적지근한' 부분이 있다면 절대 그냥 넘어가지 않는 것입니다.(※100) 사람들은 어느 쪽으로 보든 적절히 유리한 대답을 내놓는 브랜드를 제일 싫어합니다. '모두에게 호감을 사고 싶다' 그렇지만 '현실은 이렇기 때문에 어쩔 수 없다'라고 태도가 돌변하는 것을 좋아하지 않습니다. '이런 것을 좋아하시겠지요'라고 하면서 임기응변식으로 커뮤니케이션 해봐야 반갑지 않기 때문입니다.

압도적인 희망의 호프 펑크

콘텐츠 업계에서는 신념과 관련한 '호프 펑크'라는 표현이 주목을 끌고 있습니다. '펑크'라는 표현은 일반적으로 반항적, 반사회적이라는 의미로 사용합니다. 펑크는 기본적으로 '기성세대가 만들어 놓은 제도에 가운뎃손가락을 세워 주겠다!'라는 느낌으로, 기성세대나 사회 체제에 반항적인 태도를 취하는 것입니다.

그렇지만 현대 사회는 지금까지 이야기한 것처럼 코로나나 정치에 대한 불신, 경제 불안 그리고 인간관계에 대한 고민 때문에 정신 건강 문제가 더욱 두드러지게 나타나고 있습니다.

그렇기 때문에 이 시대에 대한 가장 반항적인 태도는 '압도적인 희망을 가지는 것'입니다. 다시 말해 불신이나 불안, 암울함을 '별것 아닌 것으로 여기는 희망'을 가지는 것이 펑크스타일이며 멋지게 보이는 것입니다.

이 호프 펑크라는 표현은 원래 작가인 알렉산드라 롤랜드가 텀블러(Tumblr)에 업로드한 표현인데, 뜻밖에 화제에 올라 널리 퍼진 개념입니다.(※101) 듣고 보니 확실히 코로나 이후에 유행한 콘텐츠를 나열해 보더라도 '귀멸의 칼날'과 비슷한 종류들은 호프 펑크에 해당할지도 모르겠습니다.

기성세대가 말하는 희망이 거짓말 같은 것이라면, 젊은이들은 압도적이고 바보 같은 희망을 꿈꾼다. 어쩌면 그레타의 발표 내용이나, '지속 불가능 자본주의'와 같은 젊은 사상가들에게서 나온 사상이나 비전은 저처럼 나이 든 아저씨의 관점에서 보면 '아니, 이해는 하지만 주어가 좀 허황되지 않은가? 현실감이 없는 것 아닌가? 현실적으로 어떻게 해야 하는 것인가'라는 생각이 듭니다. 그렇지만 그들이 이야기하는 비전 역시 하나의 '호프 펑크'라고 생각한다면 이와 같은 '이론=이야기'가 열광적인 인기를 얻는 것도 이해할 수 있습니다.

'구성적 이념'과 '통제적 이념'

일찍이 철학자 칸트는 이념을 '구성적 이념'과 '통제적 이념' 두 가지로 분류했습니다. 현실에서 쌓아 올린 이념은 '구성적 이념'입니다. 이것은 회사의 목표를 세울 때 실현 가능성이 상정되고 실제적으로 쌓아 올린 이념입니다. 주주들도 '음, 이건 실행할 수 있겠군'이라고 합의할 수 있을 법한 이념을 의미합니다.

한편 또 하나의 이념은 '통제적 이념'입니다. 절대 불가능하지만 궁극적인 목표를 가리키는 이념입니다. 예를 들어 '영원한 평화'라던가 '세계 정부'와 같은 것 말입니다. 지금의 현실 사회에서는 '꿈만 같은 이상=통제적 이념'에 대해 이야기하면 즉시 반론을 제기하는 사람도 있고, 악성 댓글이 달리는 경우가 증가하는 것 같습니다.

모든 발언에 대해 '뒷받침할 만한 데이터가 있습니까?'라고 증거를 요구하는 것입니다. 그렇지만 실제로는 위대한 철학자 칸트는 이념 중에 더욱 중요한 것은 '구성적 이념'보다도 '통제적 이념'이라고 말했습니다.

이 점을 그림으로 비유하자면 종이 위에 존재하지 않는 무한에 이르는 점, 다시 말해 '소실점(배니싱 포인트)'을 하나 찍어 두었기 때문에 이차원인 종이 위에도 입체적으로 그림을 그릴 수 있게 되는 것과 마찬가지입니다. '소실점'과 같은 불가능한 이념(궁극적인 목표)이 있기 때문에 비로소 우리가 지금 어느 지점에 서 있는지를 입체적으로 볼 수 있는 것입니다. 칸트가 '영원한 평화'라는 통제적 이념에 대해 생각했기 때문에 EU가 탄생하였듯이 말입니다.

그러한 견해를 가진다면 그레타나 사이토 고헤이가 주장하는 '이념'이나 '이상'에 대해 냉소적이 되어서는 안 될 것 같습니다. 지금의 기성세대는 희망을 잃었으며, 현실은 바꿀 수 없는 것이라는 냉소적인 태도를 취하고 있기 때문에 오히려 이념이 필요합니다. 실제로 기성세대야말로 다음 세대에게 이념으로서의 희망을 이야기해 주어야만 합니다. 그렇지 않으면 젊은 사람들이 함께 활동하려는 생각을 갖지 못할 수 있기 때문입니다.

아마 자신에 대한 것만으로 한계에 달한 상황은 아닐지도 모릅니다. 세계적인 마케터들은 무엇을 생각하고 있습니까? 라는 질문에 대해서 제1장에서는 마케팅의 존립 이유를 생각하는 것이 중요하다고 이야기했습니다. 이 장을 통해서 우리는 마케터들이 마케팅 이외의 분야로 나가서 희망을 발견하고, 신념과 용기와 다정함을 가지고 돌아오는 것이 무엇보다 중요하다는 점을 살펴보았습니다.

디지털은 우연을 창조할 수 있을 것인가?

칼럼

이 칼럼의 제목과 같은 질문을 어느 유명한 카피라이터가 던진 적이 있습니다. 그는 사상가인 요시모토 다카아키와 만났을 때 '좋은 회사란 어떤 회사입니까?'라고 질문한 적이 있다고 합니다.

그러자 요시모토는 '회사 가까이에 분위기 좋은 카페가 있고, 고충 이야기를 들어주는 직장 선배가 있는 것'이라고 대답했다고 합니다. 일본을 대표하는 뛰어난 사상가의 대답으로 깊이가 있는 것인지, 얕은 것인지 얼핏 보면 파악하기가 쉽지 않습니다.

저 나름대로 이 대답을 깊이 고찰해 보았습니다. 최선을 다해 의미를 찾아내 보자면, 회사 근처에 '카페'라고 하는 피난 장소(또는 성지)가 있고 그곳에서 직장 선배에게 '고충'을 이야기하면서 정신적으로 케어를 받다 보면 '예상치 못한 힌트'를 얻을 수 있습니다. 이러한 점이 바로 좋은 회사의 조건으로 중요하다고 말한 것 같습니다.

코로나의 영향으로 재택근무가 늘어나자 '카페'와 같은 장소에도 잘 가지 않게 되었고, '고충을 들어 주는 상사'와 보내는 시간도 사라지게 되었기 때문에 '예상치 못한 힌트'를 얻을 수 있는 기회도 사라져 버렸습니다.

줌이나 팀즈를 사용하면 일단 회의는 가능하지만, 이러한 도구들은 정해진 시간 안에 정해진 멤버들이 모여서 미리 준비한 자료를 기반으로 정보를 공유하는 자리이기 때문에, 사실 카페에서 대화를 나누는 것처럼 편안하게 대화가 이루어지기는 힘듭니다.

원격 근무의 가장 큰 문제는 지금까지 평소에 회사에 출근했을 때 발생하던 상황들이 사라졌다는 것입니다. '전에 말했던 그 사람 소개해 줄게'라는 상황이나, 사무실에서 스쳐 지나가다가 '아, 오랜만입니다. 최근에 어떻게 지내셨습니까?'처럼 '우연히 발생하는 대화' 말입니다. 단기적으로야 아무런 문제가 없겠지만 장기적으로 보면 꽤나 마이너스가 되는 상황입니다.

예를 들어 신입 사원이 계속 직속 상사와만 커뮤니케이션을 하는 경우라면, 어려운 상황에 처했을 때 어디에도 도움을 요청할 수 없어 완전히 궁지에 몰리게 됩니다.

하지만 만약 이때 옆 부서 소속이면서 의지할 수 있는 직장 선배와 접점이 있다고 생각해 봅시다. '최근에 상황이 좀 어렵습니다'라고 의논하면 '어느 부서의 누구에게 연락하면 아마 잘 풀릴 거야'라는 조언을 받을 수도 있을 것입니다. 하지만 원격 근무를 한다면 이런 기회가 완전히 사라지게 됩니다. 우연성(세렌디피티)이 회사 생활에서 사라지게 되는 것입니다.

지금은 '능력 중심 채용(기업이 미리 정의한 직무 내용에 기반을 두고 필요한 인재를 고용하는 제도)'이라는 살벌한 표현이 사용되기도 하고, '내 할 일만 완수해서 성과를 냈다면 다른 일은 관심 없다'라고 생각하는 사람이 늘어나고 있는 와중에 회사에 출근할 이유조차 없어져 버렸습니다. 이런 상황은 정말 괜찮은 것일까요?

'회사(會社)'라는 한자의 '회(會)'는 무엇을 의미합니까? 생각해 보면 꽤 깊은 의미를 담고 있습니다. 사람과 만나지 않는다면 회사가 아니게 되는 것이 아닐까 하는 생각이 듭니다.

저는 잡담을 할 수 없거나, 직장 후배와 '조금 쉬면서 차라도 한잔 마시자'라고 하는 상황이 발생하지 않는다면 사회인들의 인생 자체가 시시해질 것이라고 생각합니다. 물론 직장인이므로 너무 쉬기만 해도 안 되겠지만, 저런 상황이 어느 정도는 필요하기 때문입니다.

KEYWORD & SUMMARY

■ 커뮤니티

소비자에게 정서적인 안정감과 특별한 느낌을 가지게 하는 장소

■ 디지털 캠프파이어

디지털 상에서 한정된 사람들과 느긋하게 지낼 수 있는 장소

■ 도메스틱 코지

친구나 가족에게 느끼는 따뜻함과, 집에 있는 것 같은 편안함을 중시하는 사고방식

■ 메타버스/멀티버스

VR이나 AR을 사용해서 현실 세계와 더욱 비슷하게 만든 디지털 가상공간

■ 문화 전략

고객들에게 직접 접근하는 것이 아니라 문화를 통해서 연결하는 전략

■ 엔터프라이제이션 오브 더 컨슈머

소비자를 창업가로 만든다는 의미. 혹은 그곳에서 탄생한 에코 시스템

■ 이퍼머럴 마케팅

'지금 여기에서밖에 살 수 없는 것'이라는 한정된 느낌을 강조해서 고객들의 마음을 끄는 마케팅 방법

■ 승자 포용(Winner includes all)

다양한 가치관을 받아들이고, 전혀 다른 발상을 도출하는 플랫폼의 존재 형태

■ 교육

소비자와 함께 배우고, 성장해 나가는 관계를 맺을 때 필요한 방법

■ 조직으로서의 다양성 전략

'전혀 다른 관점을 받아들였을 때' 조직 자체의 창의성 퀄리티를 향상시킬 수 있다

■ 건강

신체, 마음, 영적인(문화 및 커뮤니티와의 관계성) 세 가지 건강을 실현한 상태

■ 사회적 처방안

기존처럼 약을 제공하는 것뿐만 아니라, 문화적·사회적 접근을 통한 치료 방법을 포함

■ 호프 펑크

지금 시대에 대한 가장 반항적인 태도는 '압도적인 희망을 가지는 것'

지금까지 마케팅이 놓여 있는 위치와 Z세대의 인사이트 그리고 사회적인 이슈 및 그에 대한 브랜드 실천 사례들을 이야기했습니다. 마지막 장에서는 마케터 개개인이 할 수 있는 일은 무엇인지에 대해 생각해 보겠습니다.

제 4 장

앞으로 마케터는 무엇을 해야 하는가?

한 명의 마케터로서 할 수 있는 것

지난 장들에서는 전 세계의 기업과 브랜드의 다양한 활동을 소개했습니다. 이제 시점을 '개개인'으로 돌려보겠습니다. 앞으로 마케터 개개인은 무엇을 할 수 있을까요?

지금 기업에서 일하고 있는 마케터들의 업무 내용을 살펴보면, 그야말로 번아웃 직전이 될 정도로 몰아붙여진 사람들이 많다는 인상을 받습니다. 실제로 저도 다양한 클라이언트를 가진 마케터들과 함께 업무를 하고 있는데, '매일 순조롭습니다'라고 활기차게 말하는 사람은 거의 만나본 적이 없습니다.

이 책을 읽는 독자분들 중에도 매출 목표, 사내 의사결정, 기업 이해관계자와의 문제 등이 복잡하게 얽히고설킨 상태가 되어 옴짝달싹하기 힘든 분이 계시리라 생각합니다. 데이비드 그레이버에게 '불쉿 잡'

이라는 말을 듣는다 하더라도, 지금 당장 일을 그만둘 수는 없는 사람이 대부분일 것입니다.

증축에 증축을 거듭해서 카프카의 소설처럼 미궁이 된 사내 시스템을 사용하면서 고속 PDCA를 반복해야만 하고, 사반기 단위도 아닌 오늘내일의 매출을 필사적으로 달성해야만 합니다. 효율화라는 명목하에 인간관계도 소원해졌고, 큰 업무를 어떻게 해결해야 하는지 알려주거나 조언해 주는 직장 선배도 없습니다. 본질은 바뀌지 않았음에도 버즈워드만 증가합니다.

코로나바이러스 팬데믹 때문에 연수도 실시되지 않고, 'MZ세대' 신입사원은 비대면으로 인해 실제로 만나본 적도 없습니다. 입사 동기는 가상화폐로 큰돈을 벌었는지, 파이어족이 되겠다는 말을 입에 달고 다닙니다. 그리고 우수한 직장 선배는 희망퇴직자가 되어 하나둘 회사를 그만두고 있습니다.

오늘도 줌 연결 상태가 좋지 않아 자료 공유도 마음대로 안 됩니다. 조금 전까지 상사가 언급하던 수단은 이미 목적이 되었습니다. 정신을 차려보니 목표는 계속 변화하고 있습니다. 문득 '나는 무엇을 위해 이 자료를 만들고 있었나?'라는 생각이 들어 허무해집니다. 그렇지만 그만둘 수는 없기에, 앞으로 나아갈 수밖에 없습니다.

결과적으로 '단 한 줄로 사람들을 사로잡을 수 있는 광고 문구'나, '가장 빠른'이나, '따라잡히지 않고 이기는 것'과 같은 키워드의 책이 경제경영 서적 코너에 가득 진열되어 있는 풍경도 어쩔 수 없을지 모릅니다. 견딜 수가 없기 때문입니다. 이미 마른 걸레처럼 쥐어짜도 더 나오지 않을 한계 상황까지 몰려 있는데 '더 빠르게 하라'고 요구받습니다.

이것이 많은 마케터들의 일상입니다.

그렇기는 하지만 저는 마케터들이 현재 상황의 어려움은 일단 꾹 삼키고, 먼저 취급하는 제품의 매출이 성립하는 조건과 시장이 존재하기 위한 조건 그 자체에 대해 깊은 질문을 던져보는 것이 무엇보다 중요하다고 생각합니다. 번거롭기는 하지만 그 단계부터 생각하지 않으면 정말 번아웃 상태가 되고 말 것입니다.

세계를 둘러보면 여러분과 동일한 마케터들이 분투하고 있는 모습이 눈에 띕니다. 다양한 모순을 안고 있으면서도 조금이라도 좋은 회사, 좋은 브랜드를 만들려고 하는 사람들이 많이 있습니다. 이 책에서는 그러한 사례들을 다양하게 조사해서 소개했습니다.

철학자 와시다 기요카즈(鷲田清一)가 지은 《기다린다는 것》이라는 책이 있습니다. 이 책에는 비즈니스 현장에서 사용되는 용어를 분석하고 고찰한 대단히 흥미로운 에피소드가 등장합니다.

와시다는 비즈니스 현장에서 자주 사용되는 키워드인 'Pro'라는 표현에 주목했고, 심도 있는 고찰을 했습니다. 비즈니스 현장에서는 프로모션, 프로핏, 프로듀스, 프로젝트, 프로그램 등 '프로'가 들어간 단어가 많이 있습니다. 와시다는 이러한 용어의 어원까지 거슬러 올라가 고찰했습니다. 그는 프로라는 표현이 그리스어나 라틴어 동사에 사용되는 접두어까지 거슬러 올라간다고 했습니다. 일부분을 인용해 보겠습니다.

> '여기에서 포인트가 되는 용어 몇 개를 영어로 바꾸어 보겠다. 프로젝트는 프로젝트이지만 다음으로 이익은 프로핏, 전망은 프로

스펙트이다. 계획은 프로그램 만들기라고 바꾸어 말할 수 있다. 생산은 프로덕션, 약속어음은 프로미서리 노트이며, 진척과 전진은 프로그레스 그리고 승진은 프로모션이다. 놀랍게도 '프로'라는 접두사를 붙인 단어가 총출동했다. 이 단어들은 모두 그리스어나 라틴어 동사에서 '앞에', '먼저', '사전에'라는 의미를 가진 '프로'라는 접두사가 붙어서 만들어진 단어이다. 순서대로 '앞으로 던진다', '전방에 만든다', '앞을 본다', '먼저 기록한다', '앞으로 끌어낸다', '앞으로 보낸다', '앞으로 나아간다', '앞으로 움직인다'라는 뜻이다. 요컨대 모두 앞을 향한 자세를 의미한다. 혹은 남보다 먼저 가지는 것과도 관련이 있다. 그리고 먼저 설정해 둔 목표를 통해 현재 해야 하는 일들을 규정하는 형태이다.'

요컨대 단어의 어원에 따르면 우리는 '눈앞의 일만 보고 있는' 형태로 계속해서 일하고 있다는 것입니다. 눈앞에는 KPI만 가득하고, 주변이 보이지 않습니다. 이러한 상황 속에서 우리 마케터들에게 지금 필요한 것은 우선 '관점을 높은 곳에서 내려다볼 수 있도록 바꾸는 것' 그리고 '전망을 좋게 만드는 것'이라고 생각합니다.

고개를 들고 충분히 생각할 시간을 가진 다음, 업무의 아웃풋(산출물)과 아웃컴(결과물)을 명확하게 합니다. 그리고 목표를 또렷하게 설정합니다. 스스로 해야만 하는 일, 할 수 있는 일, 그만둬야 할 일이 보일 것입니다. 그러므로 우선 앞을 향한 자세를 취해야 합니다. 새우등이 된 구부정한 몸을 바로 세우고, 고개를 들고, 가슴을 펴고, 심호흡을 해야 합니다. 고개를 들면 비로소 고객의 얼굴이 보일 것입니다.

자신이 담당한 제품의 구매자 또는 담당자의 얼굴을 보고 "어떤 점을 통해 안심할 수 있다고 느끼셨습니까? 어떻게 하면 지속 가능할 것이라 생각하십니까?"라고 말을 걸어 보십시오. 그렇게 하면 비로소 '매출을 달성한다'는 목표에 '인간의 생생한 감정'이 반영될 것입니다.

보람이 느껴지면 이 일에 신념을 가질 수 있게 되고, 흔들려서는 안 되는 것, 지켜야 할 것에 대한 책임감과 용기가 샘솟게 됩니다. 또한 구매해 주는 고객에 대해서도 다정함을 가질 수 있게 됩니다.

이러한 과정을 통해 점점 마케터로서의 자신감을 회복할 수 있게 될 것입니다. 여러분이 담당하고 있는 제품이 식품이라면 식습관을 둘러싼 환경을, 의류라면 의류 분야를 둘러싼 환경을 가능한 한 넓게 파악해 보시기 바랍니다.

잘 관찰해 보면 어떤 브랜드이든 간에 다양한 사회 문제와 문화와의 접점을 발견할 수 있을 것입니다. 눈앞의 업무와 외부의 '연결' 관계를 발견한 다음, 그 관계를 되살린다면 여러분의 업무에 계속해서 의미를 부여해 주는 관점을 가지게 될 것입니다. 보조선을 그을 수 있다면 반드시 정답을 찾아낼 수 있는 기하학 문제처럼, 마케팅과 관련된 어려운 문제들은 외부에서 보조선을 그은 다음, 마케팅으로 이끌어 보시기 바랍니다.

일하는 의미를 느끼지 못하게 되는 것이 번아웃 증상이라고 한다면, 여러분의 시점을 보다 높은 곳에서 내려다보는 시점으로 바꾸어 보십시오. 그다음 사회나 문화에서 연결할 수 있는 보조선을 발견해 봅시다. 그것이 호기심이 되고, 목적과 의미를 부여해 줄 것입니다. 그러면 일하는 보람을 반드시 되찾을 수 있을 것입니다.

데이터 너머에 사람이 있다

지금 마케터들은 일단 '살아남고 싶다면 디지털 마케팅 기술을 익혀라'라는 말을 듣는 경우가 많습니다. 그러나 저는 그것만 가지고는 절반 정도의 해답밖에 안 된다고 생각합니다. 목적이 없는 마케터가 오직 디지털 기술만 몸에 익히는 경우, 일에 대한 보람을 찾지 못할 것이기 때문입니다.

저는 대학에서 이과를 전공했기 때문에 이전 직장인 광고 회사에서는 끝도 없이 데이터 분석을 해야만 했습니다. 복잡한 통계 해석도 제법 많이 했습니다. 데이터 분석에 관해서는 당시 누구보다 열심히 했다고 자신할 수 있습니다. 그런데 저는 해석을 통해 이 데이터도 결국은 '누군가의 마음을 움직인 결과이며, 그들이 행동한 결과의 흔적'이라는 당연한 점을 깨닫게 되었습니다.

데이터 자체는 아무것도 말해 주지 않습니다. 단지 숫자에 지나지 않습니다. 집계 방법에 따라서 분류하는 센스가 필요할 경우는 있지만, 제일 중요한 것은 데이터 너머에는 누군가가 반드시 존재하며, 그 사람의 마음이 움직였기 때문에 데이터에 변동이 발생하는 것이라는 점입니다.

이 점에 얼마나 민감하게 반응할 수 있는지 상상해 보고, 공감할 수 있는지 여부가 좋은 데이터 분석가가 될 수 있는 조건입니다. 다시 말해 좋은 데이터 분석가는 통계 지식과 더불어 데이터를 움직이고 있는 '사람'들의 마음의 움직임에도 민감해져야만 하는 것입니다. 그것은 통계 공부만으로는 몸에 익힐 수 없습니다.

마케팅 책만 계속해서 읽는 것이 아니라, 고객을 만나 대화를 해보아야 합니다. 소설이나 영화, 다큐멘터리, 역사를 접해 보기 바랍니다. 여행지에서 발견한 점을 바탕으로 힌트를 찾아볼 수도 있습니다. 마케팅 공부만 하는 것이 아니라 더 다양한 것들을 접해 보십시오. 분명히 어딘가에서 사회나 정치, 환경이나 문화와의 접점 그리고 본질적인 과제의 단편을 찾을 수 있을 것입니다.

업무 현장에서 마케팅 용어를 끝없이 사용하면서 설명하는 사람을 종종 볼 수 있습니다. 어떤 의미로는 대단한 전문가라는 생각이 들지만, 저는 '멋들어진 표현을 사용했다는 기분이 들게 하는 전문용어'야말로 무서워할 이유가 없다고 생각합니다. 객관적이고 정확한 데이터를 가지고 있을지는 모르지만, 그에 더해 '어떤 목소리를 들을 것인가'라는 것이 요구된다는 점을 잊지 말아야 합니다. 사실 마케팅 용어를 사용해서 말하는 사람일수록 마케팅에서 멀어지고 있는 것처럼 보입니다. 더 자유로워져도 괜찮을 것 같은데 말입니다.

'실체가 없는 표현'들은 일단 내려놓고, 그 단어들이 사람들의 마음에 어떻게 다가가는지 혹은 마케팅 이외의 '무엇인가'와 접점을 가지는지를 생각하는 것은 대단히 중요합니다. 마음이 움직이지 않는 마케팅 방법으로는 결국 결과를 낼 수 없기 때문입니다.

D2C에 제품 렌털 사업이 있다는 가정하에 CPA와 LTV를 비교해 본 다음, LTV가 더 비싸니까 광고를 더 늘리라고 판단하는 것은 투자가로서는 '옳은 방법'입니다. 하지만 마케터로서는 먼저 '라이프타임'이란 무엇입니까? '밸류'란 무엇입니까? 와 같이 표현의 정의 자체를 제대로 생각해야만 합니다.

소비자의 의식으로부터 제조 방법이나 사회에 대한 임팩트, 문화와의 접점 등 다양한 부분에 대해 고려하게 된다면 반드시 어디에선가 마케팅 용어로는 환원할 수 없는 사회적인 해결 과제나 문화로 이어지는 '특이점'을 찾게 될 것입니다. 그렇게 발견한 특이점의 끈을 조금씩 엮어 나가다 보면 하나둘 마케팅 이외의 세계로 이어지는 연결 고리가 보이고 사회와 문화, 환경, 실생활이 눈에 들어올 것입니다. 바로 그곳에 '인사이트'가 있을 것이며, 브랜드 스토리텔링의 '핵심'이 명확해질 것입니다.

환경이나 다양성, 목적과 관련된 내용은 설교조로 들린다고 말하는 사람들이 있을지 모르겠습니다. 하지만 마케터 자신이 확실한 '인사이트'를 발견한다면 그것은 설교가 아니라, '가슴 설레게' 만드는 이야기가 될 것입니다. 목적이 더는 말뿐인 주장이 되지 않을 때, '살아가는 보람'으로 변모할 수도 있습니다.

행동주의로 유명한 브랜드 파타고니아(Patagonia)나 러시(LUSH)에 소속된 사람들도 당연히 정의를 내세우며 '설교'하고 싶은 것이 아니라, 조금이라도 현 상태를 바꾸어 나가는 데 대한 '기쁨'이 있기 때문에 지속적으로 활동할 수 있는 것이라 생각합니다. 올바른 일이라 하더라도 즐거움이 없다면 그들 역시 언젠가는 마음이 꺾여버릴 것입니다. 고객들 역시 공감할 수 있는 스토리가 아니라면 동참하지 않을 것입니다. 올바름만으로는 사람을 움직일 수 없습니다.

마케터 역시도 즐겁고 매력 있는 스토리를 발견하지 못하면 행동할 수가 없습니다. 자기 자신이 자발적으로 질문을 해 보고, 보람을 먼저 발견하기 바랍니다.

정장을 입은 중년들이 모여 e스포츠 시장이 앞으로 성장할 것 같으니 우리 회사도 참가하자는 이야기를 했다고 가정해 봅시다. 그런데 모인 인원 중에 아무도 e스포츠를 하는 사람이 없다라는 비극적인 경우라면 솔선수범해서 우선 e스포츠를 즐겨 봐야 합니다.

직접 플레이해 보고 다른 사람에게 져서 분함을 느끼기도 하고, 감정을 표현하는 이모티콘도 사 보고, 웃음을 짓게 만드는 상황들을 몸소 경험해 봐야 합니다. 게임은 가상공간이라고 생각했었지만 사실 그곳에는 현실 사회가 존재하며, 인정받고자 하는 욕구가 채워지는 공간이라는 점을 스스로 깨닫는 것입니다. 그렇게 얻은 여러분만의 독자적인 감각과 감촉만이 실천적인 마케팅으로 연결될 수 있습니다.

시인 이바라키 노리코(茨木のり子)는 일찍이 이런 시를 지었습니다.

퍼석퍼석하게 말라가는 마음을
타인의 탓으로 돌리지 말라
물 주기를 게을리한 것이니

불편한 사이가 된 것을
벗의 탓으로 돌리지 말라
유연함을 잃은 것은 어느 쪽인가

조급해진 마음을
친척 탓으로 돌리지 말라
잘 해내지 못한 것은 나 자신이니

초심을 잃는 것을

생활 탓으로 돌리지 말라

애초에 허약한 마음에 지나지 않았으니

잘 안된 일을 모두

시대 탓으로 돌리지 말라

간신히 빛나고 있는 존엄성을 포기하는 것이니

자신의 감수성 정도는

스스로 지켜라

바보 같은 놈아

사람들의 마음을 깨닫기 위해서는 먼저 자신의 마음이 움직이고 있는 상태, 즉 감수성이 필요합니다. 마케터는 무엇보다도 자신의 마음에 먼저 물을 주는 것을 잊어서는 안 됩니다. 버석버석하게 건조한 디지털 마케팅 용어에 물을 듬뿍 주도록 합시다. 세계, 사회, 문화와 연관을 맺는 것, 구체적인 누군가와 관련을 맺는 것을 통해서 당신의 감성에 물 주기를 게을리하지 맙시다.

제3장 마지막에 '신념, 용기, 다정함'이야말로 앞으로 브랜드에 필요한 태도라고 말했습니다. 이러한 정신은 당연히 혼자서는 가질 수 없는 것입니다. 신념도, 용기도, 다정함도 혼자 있을 때 마음속에 솟아나는 것이 아니라, 다른 사람들과의 상호 관계 속에서 피어나는 것입니다. 대화를 통해서 '아, 이 사람은 이런 부분에 대해 고민하고 있구나'라

고 느끼는 것 말입니다. 그런 소소한 감정을 소중히 여긴다면 비로소 신념과 용기, 다정함으로 이어질 것입니다. 중요한 대화도 첫걸음은 작은 공감과 감탄에서 시작하는 것이기 때문입니다.

마케터는 자신의 감수성이 바짝 말라 있는 것에 대해 회사의 사정이나 제도 탓을 하지 말고, 스스로 물을 주는(다른 사람의 마음의 움직임을 느끼는) 습관을 들여야 합니다. 그렇게 하면 물어봐야 할 점이나, 배워야 할 점이 분명하고 명확해질 것입니다.

대화와 질문을 반복하는 동안 의미가 만들어진다

앞으로 마케터들은 큰 목소리로 자신의 주장을 강조하는 것이 아니라, 다른 사람의 마음속 작은 움직임이나 위화감에 귀를 기울일 필요가 있습니다. 이야기를 하기 전에 먼저 이야기를 들어야 합니다. '왜 저에게 맞는 파운데이션은 없는 건가요', '안전한 장소에서 스케이트보드 연습을 하고 싶어요', '나중에 옷 디자인을 해보고 싶어요'와 같은 목소리 말입니다.

이 책에서 소개한 '지지 받는 브랜드' 사례 중 대부분은 '누군가가 느꼈던, 작지만 실제적인 목소리'에서 시작했습니다. 제1장에서 '다수의 평균은 존재하지 않는다'고 말했는데 앞으로 마케터들은 작은 목소리들을 정중하게 마주해서 공감의 연결 고리를 이어 나가는 접근 방식을 중요하게 여겨야 합니다. 작은 목소리에 귀를 기울이는 것은 AI나 챗GPT가 대체할 수 있는 일이 아닐 것입니다. 그러므로 제대로 귀를 기울이고, 자신이 무엇을 할 수 있는지 먼저 생각해 봅시다. 시끄럽게 떠들어 대는 것보다는 주의 깊이 관찰하고 경청하는 것이 필요합니다.

올바른 일을 해야 한다고 생각하면서 책상에 앉아 몸부림치며 괴로워하지 말고, 여행지에서 만나 친해진 사람들에게 들은 이야기나 카페에서 옆 사람이 이야기하는 잡담에서 과제의 해결 방법을 찾아보는 것은 어떻습니까.

그런 행동을 '놀이'라고 말해도 된다면, 마케터는 더욱더 '놀러' 나가야 합니다. 물론 여행뿐 아니라 독서도 좋고, 외부에 나가는 것도 효과적입니다. '바깥을 보는' 것은 '스스로를 알기' 위한 것이라는 점도 알고 계셔야 하겠지요.

2017년에 노벨 문학상을 수상한 가즈오 이시구로는 한 인터뷰에서 이런 이야기를 했습니다.

> '흔히들 말하는 리버럴 아트 계열, 또는 인텔리 계열 사람들은 사실 매우 좁은 세계에서 살고 있습니다. 도쿄에서 파리, 로스앤젤레스를 자주 왕복하기에 흡사 국제적으로 살고 있는 것처럼 보일지 모르지만, 사실 어디에 가더라도 자신과 비슷한 사람들밖에 만나지 않기 때문입니다. 저는 최근 들어서 아내와 다른 지역을 방문하는 '횡적인 여행'이 아니라, 같은 동네에 사는 사람이 어떤 사람인지를 더 깊이 이해하는 '종적인 여행'이 필요하지 않을까 하는 이야기를 자주 합니다. 가까이에 사는 사람조차도 나와는 전혀 다른 세계에 살고 있을 수 있으며, 그러한 사람들에 대해서 잘 알아야만 하는 것입니다.'

가즈오 이시구로는 전 세계를 방문하면서 자신과 비슷한 '인텔리 계열 사람들'만 만나는 것이 아니라, 오히려 자신이 사는 지역을 다니며 다양한 생각을 가진 사람들이 있다는 점을 관찰하라고 말했습니다. 굳이 멀리 가야 할 필요는 없는 것입니다.

오히려 가깝지만 먼 타인은 우리 근처에 있습니다. 이 책에서는 멀리 떨어져 있는 해외의 사례를 많이 소개하긴 했지만, 저는 그와 동시에 지금의 일본에 계속 관심을 가지고 있습니다.

저는 해외의 고독 문제에 대해 이야기하면서 저의 중학교 시절에 갑자기 방에 틀어박혀 학교에 오지 않게 된 N군은 지금 어디서 무엇을 하고 있을까, 하는 생각이 문득 들었습니다.

지식인인 척하며 내실은 없는 마케터들이 다양성을 계속 강조할지 모르지만, 실제로는 그들에게서 가까운 사람들이 도망가기 마련입니다. 우리가 먼저 마주해야 하는 존재는 가장 가까이 있으면서도 가장 알기 어려운 존재, 다시 말해서 자신이라고 하는 타인인지도 모르겠습니다.

마케팅에는 정답이 없습니다. 다른 사람의 목소리에 조금이라도 민감해질 수 있도록 목적을 잃지 않게 몇 번이고 거듭해서 본질로 돌아가야 합니다. 프랑스 계몽사상가 볼테르의 소설 《캉디드》에서 주인공은 세계를 누비며 모험을 하다 심각한 상황을 여러 번 마주했으며, 갈기갈기 상처 입고 돌아오면서 마지막에 이렇게 말합니다.

'그래도 우리는 우리의 밭을 갈아야 합니다.'

마케터 여러분은 이제 마케팅이라는 밭을 어떻게 갈 생각이신가요? 지금까지 살펴본 세계 각국 기업들의 사례를 토대로 삼아 우리의 일터에서 해야 할 일이 많을 것입니다.

번아웃 따위는 날려 버리고 우리 발밑의 밭을 일구는 것부터 시작합시다.

내일을 끈질기게 바꾸어 나가다

현재 일본 기업에서 일하는 마케터들의 자기 긍정감은 대단히 낮은 상태가 아닐까 생각합니다. 대다수 마케터들이 마케팅은 재미있는 직업이라는 점을 잊어버린 것 같습니다. 또한 마케팅이 사회나 테크놀로지, 문화와 정치까지 관련된 매우 수준 높고 지적인 일이란 사실도 망각한 듯 합니다.

마케터는 매출 목표를 책임지고 있으며, 기본적으로는 경영자나 연구 개발 부서 사이에서 여러 이야기를 듣는 입장입니다. 소비자들의 클레임도 마케터들에게 전달됩니다. 회사의 여러 부서들 틈새에 껴 있다고 말해도 좋을 정도입니다.

하지만 마케터에게는 마케터들만이 도출할 수 있는 창의적인 아이디어들이 있습니다. 그리고 그렇게 믿고 있기 때문에 제가 이 업계에서 일하고 있는 것이라 생각합니다.

자신감을 가지기는 쉽지 않지만 할 수 있는 일은 많이 있습니다. 아직 가능성은 존재합니다. 사람들이 기업에 대해 가지고 있는 기대감 역시 고조되고 있습니다. 그리고 세계는 넓고, 독특하고 즐거운 아이디어도 많이 생겨나고 있습니다. 지금이야말로 마케팅에 목적이 필요할지도 모르겠습니다.

이 책의 제목은 《글로벌 마케터가 알려주는 최신 마케팅 트렌드》입니다. 하지만 이 책을 읽으며 전 세계의 마케터들 역시 아직 명확한 답이 도출된 것도 아니고, 과제도 산더미처럼 쌓여 있고, 항상 초조해하고 비난받기도 하는 과정 속에서 진화해나가는 것임을 이해하게 되셨으리라 생각합니다.

이 책을 쓰면서 가장 어려웠던 것은 긍정적인 사례로 사용한 인물이나 기업의 대부분이 한편으로는 거센 비판을 받고 있는 경우가 많다는 점이었습니다. 그러므로 '여기는 좋은 곳'이라고 확연하게 단언할 수 있는 회사는 한 곳도 없었습니다. 완벽한 사람이 존재하지 않는 것처럼, 완벽한 기업도 존재하지 않습니다.

그렇기 때문에 오히려 끈기 있게 개선해 나가야만 하며, 바꾸는 일에 보람을 느낄 수 있습니다. 앞으로는 약함에 솔직해지는 것이 오히려 강점이 될 것입니다.

이 책을 계기로 앞으로는 여러분과 함께 마케팅을 조금이라도 재미있게 그리고 '의미 있게' 만들어 나갈 수 있다면 좋겠습니다. 비난만 퍼붓는 사람들과 의미 없는 논쟁 따위로 시간만 허비하고 있을 상황이 아닌 것입니다.

제1장

[※1] https://www.wwdjapan.com/articles/1176421

[※2] https://www.essence.com/beauty/michelle-obama-fenty-beauty/

[※3] https://www.vogue.co.jp/celebrity/deep-talk/2018-12-13

[※4] https://www.nytimes.com/2018/11/16/style/victorias-secret-bras-decline.html

[※5] https://www.theatlantic.com/ideas/archive/2019/08/victorias-secret-epstein/595507/

[※6] https://www.insider.com/rihannas-savage-x-fenty-fashion-show-former-victorias-secret-models-2021-9

[※7] https://www.campAIgnlive.co.uk/article/finding-mass-niche/516266

[※8] https://www.modernelderacademy.com/

[※9] https://unspun.io/

[※10] https://www.nytimes.com/2020/06/08/business/media/refinery-29-christene-barberich.html

[※11] https://www.borderless-japan.com/all/social-issue/15553/

[※12] https://hmgroup.com/news/hm-foundation-puts-eur-1-million-and-coaching-program-on-the-table-for-ideas-reinventing-the-entire-fashion-industry/

[※13] http://www.shoesmaster.jp/news/2021/04/global-climate-crisis-and-nike-by-noel-kinderchief-sustainability-officer.html

[※14] https://www.nike.com/jp/retail/s/nike-house-of-innovation-paris

[※15] https://bcorporation.net/

[※16] https://www.gizmodo.jp/2016/12/sxsw-2017-tech-under-trump.html

[※17] https://www.amazon.co.jp/dp/B09J4DT9WV/ref=cm_sw_em_r_mt_dp_CZPB5ZYKVZ1N6Y7DG99K

[※18] https://www.blackhistory.mit.edu/archive/joy-buolamwini-AI-AInt-i-woman-2018

[※19] https://a16z.com/2021/04/13/latin-america-fintech/

[※20] https://jefa.io/

[※21] https://www.netflix.com/title/81254224

[※22] https://www.tristanharris.com/

[※23] https://wired.jp/2012/05/24/jeff-bezos-interview-2012/

[※24] https://cruel.org/cut/cut200005.html

[※25] https://wired.jp/2017/04/26/berlin-report-02/

제2장

[※1] https://geomarketing.com/gen-z-will-account-for-40-percent-of-all-consumers-by-2020 (현재 접속 불가능)

[※2] https://books.bunshun.jp/ud/book/num/9784167912802

[※3] https://www.youtube.com/watch?v=kjVoa56_4x4

[※4] https://www.apa.org/news/press/releases/stress/2020/sia-mental-health-crisis.pdf

[※5] https://www.madhappy.com/

[※6] https://www.cas.go.jp/jp/seisaku/kodoku_koritsu_tailsaku/minister_message.html (현재 접속 불가능)

[※7] https://www.ted.com/talks/guy_winch_the_case_for_emotional_hygiene/transcript?language=ja

[※8] https://kanki-pub.co.jp/pub/book/details/9784761272067

[※9] https://www.swinburne.edu.au/media/swinburneeduau/research-institutes/iverson-health/Loneliness-in-COVID-19-15-07-20_final.pdf

[※10] https://www.journals.uchicago.edu/doi/abs/10.1086/225469

[※11] https://www.hachette.co.uk/titles/robin-dunbar/friends/9781408711729/

[※12] https://callyourfriends.io/

[※13] https://www.akishobo.com/book/detail.html?id=786&ct=4

[※14] https://www.vox.com/identities/2019/7/12/20690303/aziz-ansari-sexual-misconduct-accusation-right-now

[※15] https://www.polygon.com/22405561/tender-creature-comforts-dating-app-game-ios-android-pc

[※16] https://www.apa.org/news/press/releases/stress/2019/stress-america-2019.pdf

[※17] https://www.financeiscool.com/

[※18] https://ja.m.wikipedia.org/wiki/インターセクショナリティ

[※19] https://wired.jp/2019/05/01/reiwa-editors-letter/

[※20] https://www.businessinsider.jp/post-215151

[※21] https://anxymag.com/

[※22] https://www.amazon.co.jp/dp/B01N9SHVRJ/ref=cm_sw_em_r_mt_dp_HGTB7JN7K71E75HAP4KN

[※23] https://www.kinokuniya.co.jp/f/dsg-01-9784314011570

[※24] https://www.foods-ch.com/news/press_965813/

[※25] https://yourkins.com/

[※26] https://www.who.int/news/item/28-05-2019-burn-out-an-occupational-phenomenon-international-classification-of-diseases

[※27] https://pace.group/

[※28] https://wired.jp/2019/08/01/gem-news-recommendation-app/

[※29] https://www.bloomberg.com/news/articles/2020-09-22/microsoft-develops-a-virtual-commute-for-remote-workers

[※30] https://ja.wikipedia.org/wiki/%E3%83%8D%E3%82%AC%E3%83%86%E3%82%A3%E3%83%96%E3%83%BB%E3%82%B1%E3%82%A4%E3%83%91%E3%83%93%E3%83%AA%E3%83%86%E3%82%A3

[※31] https://www.costarastrology.com/

[※32] https://wired.jp/2020/11/29/witchcraft-madoka/

[※33] https://www.struckapp.com/

[※34] https://www.netflix.com/title/80174451

[※35] https://www.pewforum.org/2019/10/17/in-u-s-decline-of-christianity-continues-at-rapid-pace/

[※36] https://www.pewforum.org/2018/04/25/when-americans-say-they-believe-in-god-what-do-they-mean/

[※37] https://www.publishersweekly.com/pw/by-topic/industry-news/religion/article/83298-faith-based-books-multiply-on-covid-19-crisis.html

[※38] https://taigu-gensho.com/

[※39] https://www.tearfund.org/en/?gclid=EAIAIQobChMIjpbOgoyT6QIViLbtCh0O-QjYEAAYASAAEgLERPD_BwE

[※40] https://premierchristian.news/en/news/article/alpha-course-sign-ups-triple-during-uk-lockdown

[※41] https://www.thinkwithgoogle.com/consumer-insights/consumer-trends/at-home-social-distance-behavior/

[※42] https://www.alabasterco.com/

[※43] https://www.instagram.com/teenbossmagazine/

[※44] https://www.tedxtokyo.com/translated_talk/how-to-sound-smart-in-your-tedx-talk/?lang=ja

[※45] https://www.newyorker.com/culture/culture-desk/tierra-whack-stretches-the-limits-of-one-minute-songs

[※46] https://fnmnl.tv/2018/09/01/58776

[※47] https://genron-alpha.com/gb055_02/

제3장

[※1] https://dime.jp/genre/677681/

[※2] https://digiday.jp/brands/why-under-armour-is-struggling-with-its-direct-to-consumer-business/

[※3] https://www.thelily.com/lululemons-namastay-put-underwear-is-gone-after-an-activist-called-the-brand-out-for-appropriation/

[※4] https://www.sweatybetty.com/understanding-the-cultural-appropriation-of-yoga.html

[※5] https://www.edelman.com/trust/2021-trust-barometer

[※6] https://www.digitalcampfires.co/

[※7] https://discord.com/

[※8] https://www.miista.com/en

[※9] https://www.instagram.com/fancyshews/

[※10] https://community.monki.com/

[※11] https://www.blume.com/

[※12] https://www.teleparty.com/

[※13] https://www.kinokuniya.co.jp/f/dsg-01-9784909281296

[※14] https://redantler.com/

[※15] https://www.patternbrands.com/

[※16] https://www.vice.com/en/article/bvz4w4/what-is-gorpcore-streetwear

[※17] https://www.gucci.com/jp/ja/st/capsule/the-north-face-gucci

[※18] https://www.elle.com/jp/fashion/trends/a33305398/cottagecore-trend20-6uy-0717/

[※19] https://www.lego.com/ja-jp/themes/adults-welcome/botanical-collection

[※20] https://www.npd.com/news/press-releases/2020/the-npd-group-reports-on-first-half-2020-global-toy-industry-sales/

[※21] https://www.netflix.com/title/80234304

[※22] https://poolsuite.net/

[※23] https://www.sidcity.net/sid-city-social-club-2/

[※24] https://www.ayanatherapy.com/

[※25] https://mccrindle.com.au/wp-content/uploads/reports/Education-Future-Report-2020.pdf

[※26] https://www.edweek.org/policy-politics/home-schooling-is-way-up-with-covid-19-will-it-last/2020/11

[※27] https://www.mext.go.jp/content/1421972_2.pdf

[※28] https://melscience.com/JP-en/chemistry/

[※29] https://www.encantosworld.com/

[※30] https://jp.techcrunch.com/2021/10/12/2021-10-11-apple-appeals-the-epic-games-ruling-and-asks-to-put-ordered-app-store-changes-on-hold/

[※31] https://www.epicgames.com/fortnite/ja/news/astronomical

[※32] https://www.balenciaga.com/ja-jp/%E3%81%99%E3%81%B9%E3%81%A6/%E8%A6%8B%E3%81%A4%E3%81%91%E3%82%8B/fortnite

[※33] https://smtown.jp/artists/aespa/

[※34] https://ja.wikipedia.org/wiki/Aespa

[※35] https://www.youtube.com/watch?v=lDehHkOU1vE

[※36] https://www.gucci.com/jp/ja/st/stories/inspirations-and-codes/article/zepeto-x-gucci https://forbesjapan.com/articles/detail/43051

[※37] https://unmatereality.com/

[※38] https://www.forbes.com/sites/katiebaron/2020/05/26/meet-ada-the-new-fashion-game-smashing-down-the-door-to-democratized-luxe/?sh=48b44f2e2250

[※39] https://youtube/N-3RFzf3q4Y

[※40] https://techcrunch.com/2020/03/12/epic-games-buys-uk-facial-mapping-startup-cubic-motion/

[※41] https://www.epicgames.com/site/ja/news/hyprsense-team-joins-epic

[※42] https://www.berlin-music-commission.de/en/mitglieder/clubcommission-2/

[※43] https://gigazine.net/news/20211004-turkey-gaming-peak/

[※44] https://www.wwdjapan.com/articles/1213718

[※45] https://hypebeast.com/jp/2021/9/kanye-west-spotted-wearing-nike-once-agAIn-news

[※46] https://hypebeast.com/jp/2017/3/supreme-louis-vuitton-2

[※47] https://raq-hiphop.com/hiphop-word-sell-out/

[※48] https://www.retailgazette.co.uk/blog/2018/10/selfridges-skate-bowl-designer-street-room/

[※49] https://www.youtube.com/watch?v=iHQx8x4JAwg

[※50] https://a16z.com/2014/07/11/from-rap-genius-to-genius-2/

[※51] https://marymarymary.shop

[※52] https://www.ca.la/

[※53] https://www.beautonomy.com/

[※54] https://www.playstation.com/ja-jp/games/dreams/

[※55] https://stockx.com/

[※56] https://thentwrk.com/

[※57] https://jp.burberry.com/b-series/

[※58] https://www.forbes.com/sites/ogdenpayne/2019/06/27/e-commerce-platform-ntwrk-secures-backing-from-drake-and-live-nation/?sh=79c3871229a8

[※59] https://blockclubchicago.org/2020/02/05/tonys-sports-the-90s-sneaker-destination-is-back-as-a-pop-up-in-hyde-park/

[※60] https://www.vans.com/channel-66.html

[※61] https://news.nike.com/news/nike-unite-retAll-concept

[※62] https://www.iwanami.co.jp/book/b345708.html

[※63] http://www.rideaustin.com/

[※64] https://rushkoff.com/books/throwing-rocks-at-the-google-bus/

[※65] https://kalabalik.blackblogs.org/anti-google-cafe-face2face/

[※66] https://www.tiktok.com/discover/karl-marx-communism?lang=en

[※67] https://www.uzabase.com/jp/news/alphadrive-newspicks-advertising/

[※68] https://www.kering.com/en/news/london-college-fashion-launch-world-first-open-access-digital-course-in-sustAInable-luxury-fashion

[※69] https://www.bestbuy.com/site/misc/teen-tech-center/pcmcat1530212400327.c?id=pcmcat1530212400327

[※70] https://www.cinematoday.jp/news/N0123577

[※71] https://www.cinemacafe.net/article/2017/07/19/51116.html

[※72] https://www.tvgroove.com/news/article/ctg/1/nid/36469.html

[※73] https://jp.techcrunch.com/2021/10/18/2021-10-15-netflix-fired-the-employee-who-organized-a-walkout-in-solidarity-with-trans-workers/

[※74] https://jp.techcrunch.com/2021/01/15/2021-01-13-netflix-releases-latest-diversity-numbers/

[※75] https://ampmedia.jp/2021/05/02/netflix-diversity/

[※76] https://www.youtube.com/watch?v=bTOoY5MIkvM

[※77] https://dartshtajio.com/

[※78] https://www.dezeen.com/2019/06/29/ikea-uppkoppla-gaming-accessories-design/

[※79] https://www.axismag.jp/posts/2019/06/131895.html

[※80] https://www.remoteyear.com/

[※81] https://www.amazon.co.jp/dp/B01D1GNQVY/ref=cm_sw_em_r_mt_dp_CJ0Z58AWGAPSXG8Y7P6A

[※82] https://www.forhims.com/

[※83] https://www.forhers.com/

[※84] https://goop.com/the-goop-lab-netflix/

[※85] https://well-being.nikkei.com/

[※86] https://www.bbc.com/news/health-51312441

[※87] https://minduplifter.asics.com/

[※88] https://simpliflying.com/2020/AIrline-covid19-leadership/

[※89] https://gigazine.net/news/20210219-california-decriminalize-psychedelics-bill/

[※90] https://www.cbinsights.com/reports/CB-Insights_Tech-Trends-2021.pdf?utm_campAIgn=marketing_tech-trends_2021-02&utm_medium=emAIl&_hsmi=109344948&_hsenc=p2ANqtz-9ocaXch5YIzAZUJ6NoiduSNfN288-m_hXvuiBL3QLHcSJ37hDqgf8szOpDETb7K3tJ1I-f37RS03J2LgGUShxN3M34nvsrGaEIEfGWxrc-C9AFU1o&utm_content=109344948&utm_source=hs_automation

[※91] https://www.wsj.com/articles/could-group-therapy-get-a-boost-from-psychedelics-11615395614

[※92] https://sifted.eu/articles/atAI-series-d-157m/

[※93] https://sifted.eu/articles/atAI-rAIses-125m/

[※94] https://www.mycomeditations.com/

[※95] https://www.vice.com/en/article/3an9eb/investors-are-debating-who-should-own-the-future-of-psychedelics

[※96] https://culinarymedicine.org/culinary-medicine-partner-schools/partner-medical-schools/the-culinary-medicine-program-at-george-washington-university/

[※97] https://www.england.nhs.uk/personalisedcare/social-prescribing/

[※98] https://www.nih.gov/news-events/news-releases/nih-awards-20-million-over-five-years-bring-together-music-therapy-neuroscience

[※99] https://www.igaku-shoin.co.jp/book/detAIl/87749

[※100] https://verygoodlight.com/2021/01/05/glossier-play-discontinued/

[※101] https://www.vox.com/2018/12/27/18137571/what-is-hopepunk-noblebright-grimdark

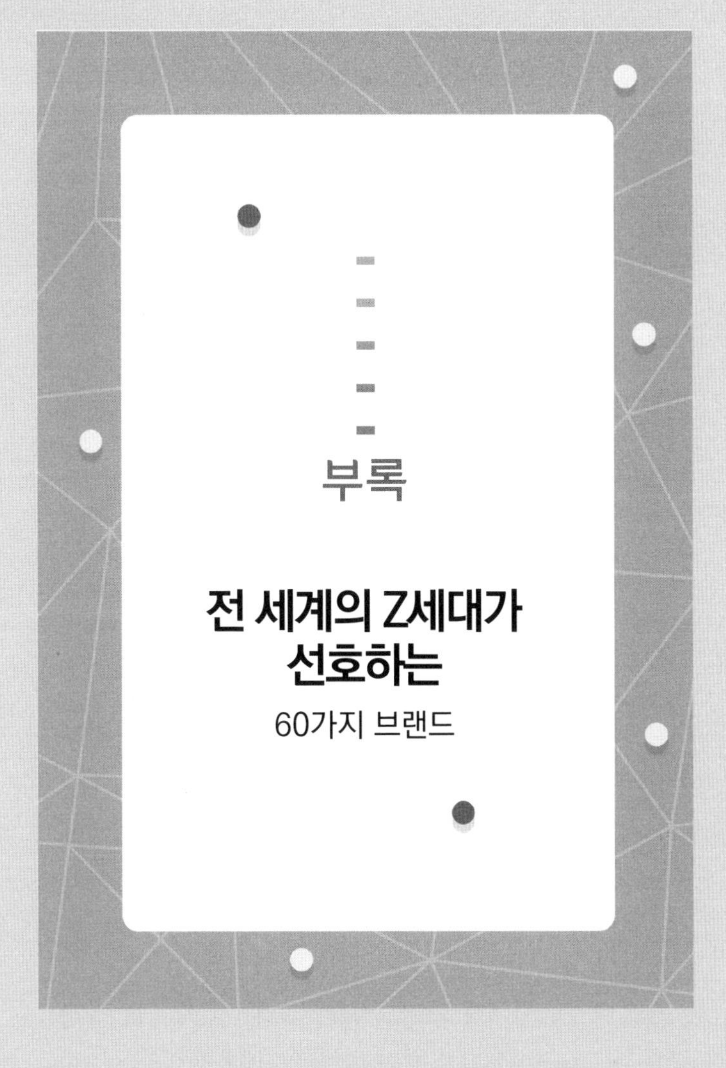

부록

전 세계의 Z세대가 선호하는

60가지 브랜드

• 패션

Lucy & Yak [영국]

선명한 색상의 데님 셔츠와 컴포트웨어에 특화된 영국의 인디 브랜드(80년대풍의 대담한 레트로 프린트 포함)입니다. 환경 문제에 대해 깨어 있으며, 온라인에서 개인의 권한과 개성을 중요시하고 있습니다.

@lucyandyak

Lirika Matoshi [미국]

브랜드 이름의 유래가 된 25세의 여성을 중심으로 한 팀으로 구성된 Lirika Matoshi의 몽환적이고 일상에서 벗어난 듯한 스트로베리 드레스가 크게 인기를 끌었습니다. 이 브랜드는 소셜 미디어를 브랜드 아이덴티티의 중요한 요소로 도입했습니다. 뉴욕과 코소보에 있는 공장을 거점으로 하며 지속 가능성과 윤리적인 생산을 우선하고, 제작 비하인드 스토리를 소개하는 SNS 콘텐츠가 인기를 끌고 있습니다. 또한 미성년자 소녀들 사이의 왕따 문제 해결에도 힘을 쏟고 있습니다.

@lirika.matoshi

By Megan Crosby [영국]

슬로 패션 레벨로 유명해진 By Megan Crosby는 달콤한 파스텔 컬러와 걸리시한 프린트, 볼륨감 있는 실루엣을 선호하며, 지속 가능한 패션에 즐거움과 색채를 더하는 것을 목표로 하는 오더메이드 제품을 판매합니다. 이 브랜드의 작품은 모두 오프 컷이나 데드스톡(dead stock) 소재를 사용하며 오코 텍스(OEKO-TEX) 인증을 받은 친환경적인 염료를 사용합니다. @bymegancrosby

The Hippie Shake [영국]

The Hippie Shake는 70년대에 영감을 받은 새로운 컬렉션과 빈티지를 모두 판매하고 있습니다. 레트로하고 노스탤지어 틱한 것을 선호하며 대담한 프린트나 화려한 색상을 좋아하는 Z세대에게 직접적으로 어필합니다. @thehippieshake

Peach Den [영국]

런던을 거점으로 하는 Peach Den은 세련되고 베이직한 룸웨어나 틱톡에서 인기 있는 점프 슈트로 잘 알려져 있습니다. 점프 수트의 인기가 높아짐에 따라 색상이나 소재의 베리에이션이 다양해지고 있지만, 룸웨어 상품이 가장 기본이 됩니다. @peachyden

Hundred Club [영국]

런던을 거점으로 하며 Z세대에 인기가 있는 라운지웨어 브랜드 'Hundred Club'의 파카, 티셔츠, 스웨트 팬츠를 판매하고 있습니다. 아이템에는 재치 있는 로고나 마음을 편안하게 만드는 긍정적인 문구가 적혀 있습니다. 과잉 재고나 과잉 생산을 방지하기 위해 각 디자인별로 백 장만 인쇄하며, 정기적으로 새로운 스타일을 발표하고 있습니다.

@wearhundredclub

Thirty Years [미국]

Z세대의 타일러 랜버트가 설립한 회사입니다. 그가 디자인한 Thirty Years는 포괄적이면서도 향상심이 있는 운동복 브랜드입니다. 'Perfect Hi-Fit'이라는 목표에 맞추어 세련됨을 느낄 수 있는 미니멀한 컬러 팔레트와 심플한 제품 셀렉션, 다양하게 제공되는 사이즈 선택지가 특징이며 스타일과 기능을 융합한 룸웨어와 워크아웃웨어를 판매합니다. @thirtyyears

Social Tourist [미국]

Dixie D'Amelio와 Charli D'Amelio 자매(Charli D'Amelio는 틱톡에서 현재 가장 많은 팔로워를 보유하고 있음)가 설립한 디지털 퍼스트 브랜드입니다. 소셜 미디어에 정통하며, 틱톡 마케팅의 이점을 잘 파악하고 있습니다. 젠더 뉴트럴한 컬렉션을 만들어 Z세대의 노하우를 살린 브랜드로 입지를 다지고 있습니다. @socialtourist

Lisa Says Gah [영국]

Lisa Says Gah는 '반(反) 패스트패션, 친(親) 커뮤니티'를 자부하고 있으며, 라인업의 대부분이 데드 스톡 제품을 재구성한 것입니다. 데드 스톡을 사용하기 때문에, 컬래버레이션과 파트너십을 맺는 것을 중요시합니다. 또한 Lisa Says Gah는 규모가 작은 레이블이나 디자이너들과 컬래버레이션 하는 것을 중요시하며, 종종 한정 컬렉션을 발표합니다.

@lisasaysgah

Shekou Woman [뉴질랜드]

뉴질랜드를 거점으로 하는 Shekou의 대담한 프린트와 Y2K 풍 아이템은 Z세대의 미의식에 정확히 부합합니다. 재활용 소재나 패키지를 중요하게 생각하며, 상품 재입고를 기다리는 시스템을 도입하는 등 투명성을 중시합니다. @shekouwoman

Hope Macaulay [아일랜드]

25세의 북아일랜드인 디자이너 Hope Maculay는 산뜻하면서 청키한 작품을 오더메이드로 하나씩 수작업합니다. 오버사이즈 점퍼나 카디건, 뜨개질로 만든 드레스나 투피스 등등, 그녀가 만든 포근한 옷은 파스텔 색조 사용과 독특한 실루엣으로 금세 알아볼 수 있습니다.

@hope.macaulay

The Ragged Priest [영국]

추상적인 프린트와 기묘한 색채의 조합, 패치워크 스타일의 티셔츠 등 베이직한 데님 아이템에 더해서, Y2K(2000년대에 유행한 패션) 트렌드를 재평가하고 있습니다. @theraggedpriest

No Sesso [미국]

유니섹스 브랜드인 No Sesso(이탈리아어로 '성별이 없다'는 의미)는 DIY와 업사이클링에 힘을 쏟고 있습니다. 가공하지 않은 옷단이나 패치워크 같은 디테일은 입는 사람들의 생각과 재능, 아이덴티티의 집합체임을 반영합니다. @nosesso

The Local Love Club [미국]

로스앤젤레스를 거점으로 하는 룸웨어 브랜드 'The Local Love Club'은 친절함과 자기애에 대한 메시지를 전달하며, '여성 창립자 Maeve Reilly가 사랑을 담아 경영하고 있다'는 점을 자랑스럽게 여깁니다. 쾌적함과 사치 사이의 경계선을 허물고자 하는 목표를 가지고 있는 이 브랜드의 이념은 커뮤니케이션을 통한 공감과 무방비함의 필요성에 기반을 두고 있으며, Z세대가 추구하는 '진정한 소통'에 경의를 표하며 어필하고 있습니다. 또한 미성년자 소녀들 사이의 왕따 문제 해결에도 힘을 쏟고 있습니다. @thelocalloveclub

• 뷰티

Topicals [미국]

습진, 색소침착, 건선과 같은 만성적인 피부 질환에 대해 기존과는 다른 방식으로 접근하고 치료하는 Z세대에 특화된 스킨케어 제품입니다. @Topicals

Starface [미국]

Starface는 위트 있는 여드름 패치를 만들어서, 여드름을 부끄러운 것으로 여기지 않고 긍정하는 운동을 추진하고 있습니다. @starface

Kinship [미국]

2019년에 설립된 스킨케어 브랜드 Kinship은 사회적으로 깨어 있는 사람들을 위한 브랜드입니다. 이 브랜드의 제품은 구매하기 쉬우며, 친환경적이고, 패키지에도 신경을 써서 크루얼티 프리(동물실험을 하지 않음)를 표방하고 있습니다. 타깃인 Z세대에게 접근하기 위해서 젊은 사람들에게 초점을 맞춘 컬러풀하고 다양한 외관을 선보이고 있습니다.

@lovekinship

Kulfi [미국]

화장품 브랜드 Kulfi는 위트 있고 표현력이 풍부한 메이크업으로 남아시아의 미의식과 문화를 칭송합니다. 이 브랜드에서는 남 아시아계 사람들의 얼굴을 환하게 밝히기 위해 디자인한 다섯 가지 아이라이너를 발매했습니다. 창업자인 Priyanka Ganjoo는 지금의 미용업계에 남아시아 사람들이 적다고 느꼈기 때문에 이를 위해 목소리를 높이고 있습니다.

@kulfi.beauty

PSA [싱가포르]

PSA는 Allies of Skin에서 만든 Z세대를 위한 서브 브랜드로, 모든 피부 타입과 색상, 상태를 아우르며, 성별이나 성적 아이덴티티에 관계없이 모든 사람의 독특하고 풍부한 아이덴티티를 표현하는 것을 칭찬합니다. 또한 온전히 재활용된 패키지 소재를 사용하는 등, 지속 가능성에도 힘을 쏟고 있습니다.

@psaskin

Crete [미국]

미국 래퍼인 Lil Yachty가 만든 뷰티 브랜드입니다. 이 브랜드는 최근에 유니섹스한 매니큐어 라인을 발표했습니다. Crete는 누구나 네일아트를 즐길 수 있도록 디자인했으며, 시대착오적인 젠더 규범에 도전합니다. 새로운 시대의 남자다움을 표현하고, 자유로운 자기표현과 창조성을 가지도록 격려합니다. @crete__co

Fussy [영국]

Fussy는 식물에서 유래한 데오도란트 브랜드로, 리필이 가능하기 때문에 환경친화적인 브랜드로 Z세대의 지지를 받고 있습니다. 산뜻하고 밝고 경쾌한 색채를 사용해 인스타그램 세대에게도 어필하고 있습니다. @getfussy

Milk Makeup [미국]

Milk Makeup은 자기표현과 컬래버레이션으로 구성되어 있습니다. 기존의 룰을 파괴하거나 실험적인 행동을 하는 것 그리고 자기애를 지지합니다. 젠더에 관계없는 캠페인과 발칙한 유머로 일상적인 아름다움에 대한 인식에 도전합니다. @milkmakeup

ITEM Beauty [미국]

미국의 유명 틱톡커 Addison Rae가 공동으로 설립한 ITEM Beauty는 건강한 자기애와, 자신을 표현하고 불완전함을 즐겁게 받아들이기 위해서 탄생했습니다. @itembeauty

The Ordinary [캐나다]

캐나다 미용 업계의 대기업인 Deciem이 소유한 스킨케어 브랜드 The Ordinary는 저렴한 가격에 높은 품질과 좋은 사용감을 겸비하고 있습니다. 그 파괴적인 이념은 솔직함과 공정함에 확고히 뿌리를 두고 있으며, 효과적이고 좋은 품질의 미용 제품을 적정한 가격에 판매하고 있습니다.

@deciem

Squish Beauty [영국]

영국인 모델 Charli Howard가 설립한 Squish Beauty는 다양성을 존중하며 누구나 자신의 피부를 사랑할 수 있기를 목표로 합니다. 젊은 사람들은 실제 피부를 드러내는 편이 더 낫다고 생각하기 때문에, 모델의 신체를 포토샵으로 수정하지 않는 미용 캠페인을 열고 있습니다. 꽃 모양의 여드름 패치는 소비자들이 뾰루지를 싫어하지 않도록 하는 데 기여하며, 오히려 여드름을 즐길 수 있게 됩니다.

@squish.beauty

about-face [미국]

미국 가수 Halsey의 새로운 메이크업 라인 about-face는 예술적이고 다양성이 느껴지는 커뮤니티에서 영감을 받았습니다. 포괄성을 추구하며 누구나 사용할 수 있는 다차원적인 메이크업을 실현하고, 개개인의 모든 모습을 축복합니다.

@aboutfacebeauty

The Inkey List [영국]

The Ordinary와 마찬가지로 스킨케어 브랜드인 The Inkey List의 핵심 가치는 유효 성분에 지나친 값을 매기지 않으면서, 효과를 중요시한 제품을 판매하고 있습니다. @theinkeylist

Rare Beauty [미국]

미국 가수 셀레나 고메즈가 설립한 화장품 브랜드 Rare Beauty는 비현실적인 완벽함의 기준을 파괴하고, 정신 건강을 브랜드의 핵심으로 두고 있습니다. 최근에는 미국의 정신 건강 단체인 전미 정신병 연합(NAMI)과 제휴해서 'Beauty Cares' 캠페인을 열고 있습니다. 이 캠페인은 정신 질환에 대한 인식을 높이고, 미용 브랜드의 오명 없는 리더로 자리매김하는 것을 목적으로 합니다. @rarebeauty

PLUS [미국]

친환경적인 퍼스널 케어 브랜드 PLUS는 소량의 물로 거품을 내는 '수분 없는 보디워시 시트'를 판매하고 있습니다. 목재 펄프로 만든 작은 포장지에 들어 있어서, 샤워기 물로 씻어 내리면 금방 녹습니다. @cleanwithplus

Bask Suncare [호주]

Bask Suncare는 친환경 선크림입니다. 피부암을 예방하는 것이 목적이면서 동시에 사람들이 설레는 마음으로 사용하고 싶어지게 하는 선케어 제품을 만드는 것을 목표로 하고 있습니다. @back_suncare

Stryke Club [미국]

젊은 남자아이들을 위한 스킨케어 제품 카테고리를 보면 판매 중인 제품의 종류가 많지 않다는 것을 느낄 수 있습니다. 미국 신흥 스킨케어 브랜드인 Stryke Club은 이 시장의 선구자로서 소년들에게 스킨케어에 대한 지식을 제공하고, 스킨케어를 하는 습관을 들이도록 돕고 있습니다.

@strykeclub

Fluide [미국]

Fluide는 성별이나 피부색과 관계없이, 발랄하고 멋진 메이크업을 제공합니다. 이 브랜드에서는 플랫폼을 제작해, 퀴어나 젠더를 따지지 않는 아이덴티티의 목소리를 높여서 자유로운 자기표현을 하게 하는 것을 목표로 하고 있습니다.

@fluidebeauty

Superfluid [이탈리아]

이탈리아의 스킨케어 메이크업 브랜드인 'Superfluid'는 모든 젠더를 아우르는 커뮤니티로 탄생했습니다. 아름다움은 몸과 마음의 건강을 증진하며, 소비자의 아이덴티티를 인도하는 도구가 될 수 있다는 생각을 확산시키고 있습니다.

@superfluid___

Bleach London [영국]

Bleach London은 대담한 헤어컬러로 화려하게 꾸미고 싶은 실험적인 정신을 가진 Z세대 소비자들을 위해서 꿈만 같은 테크니컬러의 가정용 염색 제품을 판매하고 있습니다.

@bleachlondon

Megababe Beauty [미국]

Megababe Beauty는 다양한 체형이나 사이즈를 가진 여성들을 대상으로 한 클린 퍼스널 케어 브랜드입니다. 허벅지의 쓸림이나 겨드랑이 땀처럼 미용이나 퍼스널 케어 분야에서 오랜 기간 방치되어 왔던 여성 신체의 불쾌감을 해소할 목적으로 만든 제품이 라인업되어 있습니다.

@megababe

Penguin CBD [미국]

Penguin CBD는 Z세대에 초점을 맞춘 CBD 보조제 브랜드로, CBD가 인체에 미치는 효과를 광고하고 있습니다. 2019년 포브스 데이터에 따르면 Z세대 소비자들이 CBD를 사용할 가능성은 미국 전체 평균의 두 배 정도 될 것이라고 합니다.

@penguin

Laka [한국]

젠더 뉴트럴을 표방하는 한국 메이크업 브랜드 Laka는 미용업계의 시대착오적인 젠더 고정 관념에 도전하며, 표현과 권한 부여, 개성을 촉진합니다.

@laka.official

TONYMOLY [한국]

TONYMOLY는 유쾌한 아이디어와 효과적이고 부담 없는 가격대의 제품을 융합한 브랜드입니다. Moisture Boost Cooling Algae Eye Serum은 고래 모양처럼 귀여운 동물 패키지를 사용하고 있어서 키치한 Z세대의 미적인 감성에 어필합니다.

@tonymoly._street

Peripera [한국]

Peripera는 강한 자기의식과 개성을 가진, 젊고 자립적인 여성을 타깃으로 합니다. 브랜드의 이름은 페르시아 신화에 등장하는 요정 '페리'에서 유래했으며, 여성의 매력과 젊음을 상징하고 있습니다.

@peripera_official

• 라이프스타일

ban.do [미국]

ban.do는 대담한 그래픽과 선명한 색상을 사용한 문구용품이나 개인 액세서리를 판매합니다. 자기 스스로를 돌아볼 것을 추천하는 저널 기사나 '긍정적으로 자신을 사랑하라'는 슬로건이 적혀 있는 카드 등으로 Z세대의 감성에 호소하고 있습니다.

@shopbando

DOIY Design [스페인]

이 스페인 브랜드는 인테리어에 유쾌한 개성을 불어넣는 독특한 홈인테리어 장식품과 선물을 주로 판매합니다. 여성스러움이나 자기계발을 테마로 하고 있어서, Z세대의 선진적인 생각에 어필합니다.

@doiydesign

Poketo [미국]

LA를 거점으로 하는 이 스튜디오는 스타트업에서 시작해 종합 브랜드로 성장했으며, 아티스틱하면서도 품질을 겸비한 문구 용품이나 홈인테리어 용품 등, 일상생활에서 사용할 수 있는 생동감 있고 컬러풀한 제품을 판매하고 있습니다. @poketo

Skinnydip [영국]

Skinnydip은 최초의 아이폰이 등장한 바로 직후인 2011년에 개성 있는 스마트폰 케이스를 발매했습니다. 그리고 그 이후 Z세대를 위한 원 스톱 숍(특정 분야에서 그와 관련된 상품들을 갖추고 판매하는 형태의 매장)으로 성장했습니다. @skinnydiplondon

CASETIFY [미국]

이 미국 레이블은 NBA, BlackPink, Carrots, Disney, Champion과 같은 일류 브랜드, 디자이너, 아티스트들과 컬래버레이션해서 시선을 끄는 인스타 감성의 스마트폰 케이스를 제작하고 있습니다. @casetify

Bougie Woogie [프랑스 / 아르헨티나]

Bougie Woogie는 산뜻한 파스텔 색상의 팔레트에 꽃을 모티브로 한 형태의 홈인테리어 액세서리를 제작합니다. 이 스튜디오에서는 주문에 따라 작품을 제작하며, 주로 인스타그램에서 활동하면서 디지털 태생의 고객들에게 어필하고 있습니다. @bougiewoogie____

Original Rose [미국]

Original Rose는 뉴욕의 식물 디자인 스튜디오로 스포츠나 스트리트웨어에서 영감을 받은 파격적인 화분과 꽃병에 하이프컬처를 도입해, 집 안에 젊은이들의 스타일을 적용할 수 있게 했습니다. @originalrose

Zoe Schlacter [미국]

뉴욕을 거점으로 하는 텍스타일 디자이너인 Zoe Schlacter는 선명하게 대비되는 컬러와 대담한 기하학 문양의 패브릭 인테리어 소품을 제작하고 있습니다. 이 작품들은 성별에 따른 고정 관념을 뒤집는 것이며, Schlacter의 논 바이너리적인 경험이 담겨 있습니다.

@zoeschlacter

Studio KJP [스웨덴]

Studio KJP는 스웨덴의 텍스타일 아티스트 캐서린 진 플럼이 디자인한 개성 있는 꽃문양의 스마트폰 케이스, 침구류, 담요, 수건 등을 제작하고 있습니다. @kjplumb

Arowm [뉴질랜드]

마오리족 사람들이 살고 있었던 마을인 킬리킬리로아의 홈 스튜디오에서 운영되는 뉴질랜드 스튜디오 Arowm에서는 소셜 미디어에 업로드하기 좋은 캔디 파스텔 컬러를 사용한 조각 형태의 캔들과 액세서리를 제작, 판매하고 있습니다. @arowm

TinyMakesThings [미국]

새너제이를 거점으로 하는 TinyMakesThing는 페인트와 니스를 바른 폴리머 클레이를 사용해서 오리지널 키보드 캡을 제작합니다. 이 디자이너는 유튜브, 인스타그램, 트위치, 트위터, 페이트리언과 같은 곳에서 상품을 판매하며, 디지털 태생 시청자들을 끌어모으고 있습니다.

@tinymakesthings

Card Club [영국]

런던에 있는 조디 메리어트 베이커는 도자기 접시나 볼에 음식을 돋보이게 하는 화려하고 즐거운 문구를 선명한 색으로 직접 적어 넣고, 하트나 표범 무늬를 함께 배치했습니다. 해당 제품은 Etsy에서 판매하고 있으며, 틱톡을 통해서 새로운 디자인을 홍보합니다. 또한 분홍색 발포 스티로폼 비즈나 손으로 쓴 감사장, 꽃 등을 사용한 개인적인 패키지도 눈에 띕니다. 그녀는 선전 효과를 노려 단 한 점씩만 판매하고 있는데, 효과가 대단해서 한 점이 겨우 17분 만에 완판되었습니다. @cardclub__

Al's Place [영국]

영국 디자이너 앨리스 켈리는 물결 모양의 꽃 형상과 파스텔컬러의 터프팅 거울을 제작합니다. Z세대의 미적인 감각을 사로잡는 빈티지한 느낌과 귀여움을 겸비한 작품들은 배치하는 즉시 장식 효과를 발휘합니다.

@als__place

Flex Factory [호주]

호주의 DJ 겸 인플루언서인 Flex Mami는 홈웨어나 선물용 액세서리를 판매하는 독자적인 라인업을 개발, 판매하기 위해서 Flex Factory 스토어를 설립했습니다. 상품에는 유머러스한 문구나 스마일리, 채도가 높은 패턴이 디자인되어 있어서 디지털 문화를 좋아하는 사람들에게 어필하고 있습니다. 최근에는 성이나 자기 계발, 마음의 건강 등을 테마로 해서 대화를 시작할 수 있는 카드게임 시리즈를 판매하기 시작했습니다.

@flexfactory.store

Maza [영국]

Maisie Penn은 록다운으로 인해 PR 업무를 그만두게 된 후, 캔들을 만들기 시작했습니다. 그녀는 현재 자신의 브랜드인 Maza를 운영하고 있으며, 조각 같은 모양의 캔들 외에도 작은 타일을 붙인 가구나 세라믹 액세서리를 판매하고 있습니다. 이러한 상품들은 모두 영국 남쪽에 있는 그녀의 홈 스튜디오에서 제작됩니다.

@bymazauk

Pepper Loves [영국]

런던 근교에 있는 자택 키친 테이블에서 Pepper Loves를 경영하고 있는 Hannah는 해고된 다음, 록다운 기간에 대화의 계기를 마련해 주는 캔들을 만들기 시작했습니다. 그녀는 서예가인 자신의 경험을 살려 캔들에 재미있는 문구를 넣어서 디자인합니다. 이 브랜드는 이미 H&M, Asos, Lazy Oaf와 같은 대기업 브랜드에서 의뢰를 받았습니다.

@pepperlovescandles

Sebastian Sochan [영국]

폴란드 출신이며 영국에 거주하고 있는 아티스트 세바스찬 소한은 일회용 미니 러그(테이블 매트로 사용)나 꼬불꼬불한 수지로 만든 북엔드를 만들기 시작한 지 1년도 지나지 않아 런던 백화점과 셀프리지스에서 팝업 스토어를 개최했으며, 온라인에서는 정기적으로 완판 사태를 빚고 있습니다. @imnotu

플랫폼

STORE Projects [영국]

STORE Projects는 런던에 있는 작은 디자인 숍으로, 현지 디자이너가 일과 후의 시간에 다양한 창의적인 워크숍을 개최하고 있습니다. 워크숍에서 제작된 작품은 매장 내에서 판매되며, 매출 로열티는 학생들이 선택한 자선 단체에 기부됩니다. @storeprojects

Heat [영국]

영국을 거점으로 하는 패션 미스터리 박스 서비스 Heat는 베이직한 스트리트웨어부터 고액의 상품까지 다양한 전문 분야의 미스터리 박스를 제공하며, 구매자에게는 박스 금액 이상의 가치를 가진 귀중한 상품 셀렉션을 담아서 판매하고 있습니다. @heat

Sojo [영국]

23세의 Josephine Philips가 올해 처음 론칭한 런던을 거점으로 하는 애플리케이션 Sojo는 고객과 재봉사를 연결해 주며, 옷 인수와 배송을 담당합니다. 이 서비스는 생태학에 관심이 많으며 오래된 옷을 애용하는 세대에게 어필하고 있는데, 이미 가지고 있는 옷을 커스터마이징 하거나 개조 및 수리를 하고 싶지만 직접 하기에는 기술이나 시간이 부족한 사람들에게 최적화되어 있습니다. @sojo_app

Goodfair [미국]

Heat와 같은 형태로, 미국을 거점으로 하는 Goodfair는 예산 내에서 미스터리 박스를 구입할 수 있습니다. 이 박스는 폐기되어서 매립지에 보내려 하는 옷이나 중고품들을 가지고 구매자들을 위해 독특한 박스를 구성하였으며, 스트리트 플립 세대에게 인기가 많은 '#No New Things'의 생각을 지지합니다. @goodfair

글로벌 마케터가 알려주는 최신 마케팅 트렌드

초판 1쇄 발행 2023년 4월 25일

글쓴이 히로타 슈사쿠
옮긴이 김지예

편집 이용혁
디자인 이현미

펴낸이 이경민
펴낸곳 (주)동아엠앤비
출판등록 2014년 3월 28일(제25100-2014-000025호)
주소 (03972) 서울특별시 마포구 월드컵북로22길 21 2층
전화 (편집) 02-392-6903 (마케팅) 02-392-6900
팩스 02-392-6902
홈페이지 www.dongamnb.com
전자우편 damnb0401@naver.com
SNS

ISBN: 979-11-6363-652-6 (03320)